2024年度版

文 部 科 学 省 後

英検®

5級

過去**6**回
全問題集

※ 本書に収録されている過去問は、公益財団法人 日本英語検定協会から提供を受けたもののみです。準会場・海外受験などの問題とは一致しない場合があります。スピーキングテストの過去問は、公益財団法人 日本英語検定協会が公開していないので掲載しておりません。

※ このコンテンツは、公益財団法人 日本英語検定協会の承認や推奨、その他の検討を受けたものではありません。

旺文社

英検® 受験の流れ

❶ 一次試験当日

試験会場には早めに行こう

会場にこの本を持って行き最終確認をしよう

試験監督から問題冊子と解答用紙が配られるよ

放送に従って解答用紙に氏名などを記入しよう

❷ 一次試験中

試験開始の合図で筆記試験を始めよう

困ったことがあったら静かに手を挙げよう

筆記試験が終わるとリスニングテストだよ

試験終了の合図で鉛筆を置こう

❸ 一次試験が終わったら…

❹ スピーキングテスト

2023年度第2回　英検5級　解答用紙

【注意事項】

①解答にはHBの黒鉛筆（シャープペンシルも可）を使用し、解答を訂正する場合には消しゴムで完全に消してください。

②解答用紙は絶対に汚したり折り曲げたり、所定以外のところへの記入はしないでください。

③マーク例

良い例	悪い例
●	◑ ✖ ◓

これ以下の濃さのマークは読めません。

解　答　欄

問題番号	1	2	3	4
1	(1)	①	②	③	④
	(2)	①	②	③	④
	(3)	①	②	③	④
	(4)	①	②	③	④
	(5)	①	②	③	④
	(6)	①	②	③	④
	(7)	①	②	③	④
	(8)	①	②	③	④
	(9)	①	②	③	④
	(10)	①	②	③	④
	(11)	①	②	③	④
	(12)	①	②	③	④
	(13)	①	②	③	④
	(14)	①	②	③	④
	(15)	①	②	③	④

解　答　欄

問題番号	1	2	3	4
2	(16)	①	②	③	④
	(17)	①	②	③	④
	(18)	①	②	③	④
	(19)	①	②	③	④
	(20)	①	②	③	④
3	(21)	①	②	③	④
	(22)	①	②	③	④
	(23)	①	②	③	④
	(24)	①	②	③	④
	(25)	①	②	③	④

リスニング解答欄

問題番号	1	2	3	4
例題	①	②	●	
第1部 No. 1	①	②	③	
No. 2	①	②	③	
No. 3	①	②	③	
No. 4	①	②	③	
No. 5	①	②	③	
No. 6	①	②	③	
No. 7	①	②	③	
No. 8	①	②	③	
No. 9	①	②	③	
No. 10	①	②	③	
第2部 No. 11	①	②	③	④
No. 12	①	②	③	④
No. 13	①	②	③	④
No. 14	①	②	③	④
No. 15	①	②	③	④
第3部 No. 16	①	②	③	
No. 17	①	②	③	
No. 18	①	②	③	
No. 19	①	②	③	
No. 20	①	②	③	
No. 21	①	②	③	
No. 22	①	②	③	
No. 23	①	②	③	
No. 24	①	②	③	
No. 25	①	②	③	

※実際のマークシートに似せていますが、デザイン・サイズは異なります。

2023年度第1回　英検5級　解答用紙

【注意事項】
①解答にはHBの黒鉛筆（シャープペンシルも可)を使用し、解答を訂正する場合には消しゴムで完全に消してください。
②解答用紙は絶対に汚したり折り曲げたり、所定以外のところへの記入はしないでください。

③マーク例

良い例	悪い例
●	

これ以下の濃さのマークは読めません。

解答欄

問題番号	1	2	3	4
(1)	①	②	③	④
(2)	①	②	③	④
(3)	①	②	③	④
(4)	①	②	③	④
(5)	①	②	③	④
(6)	①	②	③	④
(7)	①	②	③	④
(8)	①	②	③	④
(9)	①	②	③	④
(10)	①	②	③	④
(11)	①	②	③	④
(12)	①	②	③	④
(13)	①	②	③	④
(14)	①	②	③	④
(15)	①	②	③	④

（問題番号1）

解答欄

問題番号	1	2	3	4
(16)	①	②	③	④
(17)	①	②	③	④
(18)	①	②	③	④
(19)	①	②	③	④
(20)	①	②	③	④
(21)	①	②	③	④
(22)	①	②	③	④
(23)	①	②	③	④
(24)	①	②	③	④
(25)	①	②	③	④

（問題番号2・3）

リスニング解答欄

問題番号	1	2	3	4
例題	①	②	●	
No. 1	①	②	③	
No. 2	①	②	③	
No. 3	①	②	③	
No. 4	①	②	③	
No. 5	①	②	③	
No. 6	①	②	③	
No. 7	①	②	③	
No. 8	①	②	③	
No. 9	①	②	③	
No. 10	①	②	③	
No. 11	①	②	③	④
No. 12	①	②	③	④
No. 13	①	②	③	④
No. 14	①	②	③	④
No. 15	①	②	③	④
No. 16	①	②	③	
No. 17	①	②	③	
No. 18	①	②	③	
No. 19	①	②	③	
No. 20	①	②	③	
No. 21	①	②	③	
No. 22	①	②	③	
No. 23	①	②	③	
No. 24	①	②	③	
No. 25	①	②	③	

（第1部：No.1〜No.10、第2部：No.11〜No.15、第3部：No.16〜No.25）

※実際のマークシートに似せていますが、デザイン・サイズは異なります。

2022年度第3回　英検5級　解答用紙

【注意事項】
①解答にはHBの黒鉛筆（シャープペンシルも可）を使用し、解答を訂正する場合には消しゴムで完全に消してください。
②解答用紙は絶対に汚したり折り曲げたり、所定以外のところへの記入はしないでください。

③マーク例

良い例	悪い例
●	◐ ✗ ◓

これ以下の濃さのマークは読めません。

解答欄

問題番号		1	2	3	4
1	(1)	①	②	③	④
	(2)	①	②	③	④
	(3)	①	②	③	④
	(4)	①	②	③	④
	(5)	①	②	③	④
	(6)	①	②	③	④
	(7)	①	②	③	④
	(8)	①	②	③	④
	(9)	①	②	③	④
	(10)	①	②	③	④
	(11)	①	②	③	④
	(12)	①	②	③	④
	(13)	①	②	③	④
	(14)	①	②	③	④
	(15)	①	②	③	④

解答欄

問題番号		1	2	3	4
2	(16)	①	②	③	④
	(17)	①	②	③	④
	(18)	①	②	③	④
	(19)	①	②	③	④
	(20)	①	②	③	④
3	(21)	①	②	③	④
	(22)	①	②	③	④
	(23)	①	②	③	④
	(24)	①	②	③	④
	(25)	①	②	③	④

リスニング解答欄

問題番号		1	2	3	4
	例題	①	②	●	
第1部	No. 1	①	②	③	
	No. 2	①	②	③	
	No. 3	①	②	③	
	No. 4	①	②	③	
	No. 5	①	②	③	
	No. 6	①	②	③	
	No. 7	①	②	③	
	No. 8	①	②	③	
	No. 9	①	②	③	
	No. 10	①	②	③	
第2部	No. 11	①	②	③	④
	No. 12	①	②	③	④
	No. 13	①	②	③	④
	No. 14	①	②	③	④
	No. 15	①	②	③	④
第3部	No. 16	①	②	③	
	No. 17	①	②	③	
	No. 18	①	②	③	
	No. 19	①	②	③	
	No. 20	①	②	③	
	No. 21	①	②	③	
	No. 22	①	②	③	
	No. 23	①	②	③	
	No. 24	①	②	③	
	No. 25	①	②	③	

※実際のマークシートに似せていますが、デザイン・サイズは異なります。

2022年度第2回　英検5級　解答用紙

【注意事項】

①解答にはHBの黒鉛筆（シャープペンシルも可）を使用し、解答を訂正する場合には消しゴムで完全に消してください。

②解答用紙は絶対に汚したり折り曲げたり、所定以外のところへの記入はしないでください。

③マーク例

良い例	悪い例
●	◐ ✖ ◕

 これ以下の濃さのマークは読めません。

解　答　欄	1	2	3	4
問題番号	1	2	3	4
(1)	①	②	③	④
(2)	①	②	③	④
(3)	①	②	③	④
(4)	①	②	③	④
(5)	①	②	③	④
(6)	①	②	③	④
(7)	①	②	③	④
(8)	①	②	③	④
(9)	①	②	③	④
(10)	①	②	③	④
(11)	①	②	③	④
(12)	①	②	③	④
(13)	①	②	③	④
(14)	①	②	③	④
(15)	①	②	③	④

（問題番号1）

解　答　欄	1	2	3	4
問題番号	1	2	3	4
(16)	①	②	③	④
(17)	①	②	③	④
(18)	①	②	③	④
(19)	①	②	③	④
(20)	①	②	③	④
(21)	①	②	③	④
(22)	①	②	③	④
(23)	①	②	③	④
(24)	①	②	③	④
(25)	①	②	③	④

（問題番号2、3）

リスニング解答欄	1	2	3	4
問題番号	1	2	3	4
例題	①	②	●	
No. 1	①	②	③	
No. 2	①	②	③	
No. 3	①	②	③	
No. 4	①	②	③	
No. 5	①	②	③	
No. 6	①	②	③	
No. 7	①	②	③	
No. 8	①	②	③	
No. 9	①	②	③	
No. 10	①	②	③	
No. 11	①	②	③	④
No. 12	①	②	③	④
No. 13	①	②	③	④
No. 14	①	②	③	④
No. 15	①	②	③	④
No. 16	①	②	③	
No. 17	①	②	③	
No. 18	①	②	③	
No. 19	①	②	③	
No. 20	①	②	③	
No. 21	①	②	③	
No. 22	①	②	③	
No. 23	①	②	③	
No. 24	①	②	③	
No. 25	①	②	③	

（第1部：No. 1〜No. 10、第2部：No. 11〜No. 15、第3部：No. 16〜No. 25）

※実際のマークシートに似せていますが、デザイン・サイズは異なります。

2022年度第1回　英検5級　解答用紙

解　答　欄

問題番号		1	2	3	4
1	(1)	①	②	③	④
	(2)	①	②	③	④
	(3)	①	②	③	④
	(4)	①	②	③	④
	(5)	①	②	③	④
	(6)	①	②	③	④
	(7)	①	②	③	④
	(8)	①	②	③	④
	(9)	①	②	③	④
	(10)	①	②	③	④
	(11)	①	②	③	④
	(12)	①	②	③	④
	(13)	①	②	③	④
	(14)	①	②	③	④
	(15)	①	②	③	④

解　答　欄

問題番号		1	2	3	4
2	(16)	①	②	③	④
	(17)	①	②	③	④
	(18)	①	②	③	④
	(19)	①	②	③	④
	(20)	①	②	③	④
3	(21)	①	②	③	④
	(22)	①	②	③	④
	(23)	①	②	③	④
	(24)	①	②	③	④
	(25)	①	②	③	④

リスニング解答欄

問題番号		1	2	3	4
	例題	①	②	●	
第1部	No. 1	①	②	③	
	No. 2	①	②	③	
	No. 3	①	②	③	
	No. 4	①	②	③	
	No. 5	①	②	③	
	No. 6	①	②	③	
	No. 7	①	②	③	
	No. 8	①	②	③	
	No. 9	①	②	③	
	No. 10	①	②	③	
第2部	No. 11	①	②	③	④
	No. 12	①	②	③	④
	No. 13	①	②	③	④
	No. 14	①	②	③	④
	No. 15	①	②	③	④
第3部	No. 16	①	②	③	
	No. 17	①	②	③	
	No. 18	①	②	③	
	No. 19	①	②	③	
	No. 20	①	②	③	
	No. 21	①	②	③	
	No. 22	①	②	③	
	No. 23	①	②	③	
	No. 24	①	②	③	
	No. 25	①	②	③	

※実際のマークシートに似せていますが、デザイン・サイズは異なります。

切り取り線

2021年度第3回　英検5級　解答用紙

【注意事項】

①解答にはHBの黒鉛筆（シャープペンシルも可）を使用し、解答を訂正する場合には消しゴムで完全に消してください。

②解答用紙は絶対に汚したり折り曲げたり、所定以外のところへの記入はしないでください。

③マーク例

良い例	悪い例
●	◑ ✖ ◑

これ以下の濃さのマークは読めません。

解　答　欄				
問題番号	1	2	3	4
(1)	①	②	③	④
(2)	①	②	③	④
(3)	①	②	③	④
(4)	①	②	③	④
(5)	①	②	③	④
(6)	①	②	③	④
(7)	①	②	③	④
1　(8)	①	②	③	④
(9)	①	②	③	④
(10)	①	②	③	④
(11)	①	②	③	④
(12)	①	②	③	④
(13)	①	②	③	④
(14)	①	②	③	④
(15)	①	②	③	④

解　答　欄				
問題番号	1	2	3	4
(16)	①	②	③	④
(17)	①	②	③	④
2　(18)	①	②	③	④
(19)	①	②	③	④
(20)	①	②	③	④
(21)	①	②	③	④
(22)	①	②	③	④
3　(23)	①	②	③	④
(24)	①	②	③	④
(25)	①	②	③	④

リスニング解答欄				
問題番号	1	2	3	4
例題	①	②	●	
No. 1	①	②	③	
No. 2	①	②	③	
No. 3	①	②	③	
No. 4	①	②	③	
第1部　No. 5	①	②	③	
No. 6	①	②	③	
No. 7	①	②	③	
No. 8	①	②	③	
No. 9	①	②	③	
No. 10	①	②	③	
No. 11	①	②	③	④
第2部　No. 12	①	②	③	④
No. 13	①	②	③	④
No. 14	①	②	③	④
No. 15	①	②	③	④
No. 16	①	②	③	
No. 17	①	②	③	
No. 18	①	②	③	
第3部　No. 19	①	②	③	
No. 20	①	②	③	
No. 21	①	②	③	
No. 22	①	②	③	
No. 23	①	②	③	
No. 24	①	②	③	
No. 25	①	②	③	

※実際のマークシートに似せていますが、デザイン・サイズは異なります。

はじめに

実用英語技能検定（英検®）は，年間受験者数420万人（英検 IBA，英検 Jr. との総数）の小学生から社会人まで，幅広い層が受験する国内最大級の資格試験で，1963年の第1回検定からの累計では1億人を超える人々が受験しています。英検®は，コミュニケーションに欠かすことのできない技能をバランスよく測定することを目的としており，英検®の受験によってご自身の英語力を把握することができます。

この『全問題集シリーズ』は，英語を学ぶみなさまを応援する気持ちを込めて刊行されました。本書は，2023年度第2回検定を含む6回分の過去問を，日本語訳や詳しい解説とともに収録しています。

本書がみなさまの英検合格の足がかりとなり，さらには国際社会で活躍できるような生きた英語を身につけるきっかけとなることを願っています。

最後に，本書を刊行するにあたり，多大なご尽力をいただきました木静舎 山下鉄也様に深く感謝の意を表します。

2024年　春

※英検1級〜3級は2024年度第1回検定から試験形式が一部変わります。2024年度以降の試験形式については，英検ウェブサイトをご覧ください。なお，この情報は2023年12月現在のものです。

もくじ

Contents

本書の使い方 ……………………………… 3

音声について ……………………………… 4

Web 特典について ………………………… 6

自動採点アプリ「学びの友」の利用方法 …………………… 7

英検インフォメーション ………………………… 8
　試験内容／合否判定方法／2024年度 受験情報－2024年度 試験日程・
　申込方法

英検5級の試験形式とポイント ………………… 12

2023年度　第2回検定（筆記・リスニング）………… 17
　　　　　　　第1回検定（筆記・リスニング）………… 31

2022年度　第3回検定（筆記・リスニング）………… 45
　　　　　　　第2回検定（筆記・リスニング）………… 59
　　　　　　　第1回検定（筆記・リスニング）………… 73

2021年度　第3回検定（筆記・リスニング）………… 87

執　　筆：山下鉄也（木静舎）
編集協力：日本アイアール株式会社，清水洋子
録　　音：ユニバ合同会社
デザイン：林 慎一郎（及川真咲デザイン事務所）
イラスト：鹿又きょうこ（口絵 英検受験の流れ）
　　　　　瀬々倉匠美子（Web特典 予想問題）
組版・データ作成協力：幸和印刷株式会社

本書の使い方

ここでは，本書の過去問および特典についての活用法の一例を紹介します。

情報収集・傾向把握

- 英検インフォメーション
  （P8-11）
- 英検5級の試験形式とポイント
  （P12-15）
- 【Web特典】
  個人情報の書き方
  英検5級でよく出る英単語

過去問にチャレンジ

- 2023年度第2回
- 2023年度第1回
- 2022年度第3回
- 2022年度第2回
- 2022年度第1回
- 2021年度第3回
  ※アプリ「学びの友」を利用して，自動採点
  （P7）

予想問題にチャレンジ

- 【Web特典】
  スピーキングテスト予想問題／解答例

一次試験対策

スピーキングテスト

過去問の取り組み方

【実力把握モード】
本番の試験と同じように，制限時間を設けて取り組みましょう。どの問題形式に時間がかかりすぎているか，正答率が低いかなど，今のあなたの実力をつかみ，学習に生かしましょう。アプリ「学びの友」の自動採点機能を活用して，答え合わせをスムーズに行いましょう。

1セット目

【学習モード】
制限時間をなくし，解けるまで取り組みましょう。
リスニングは音声を繰り返し聞いて解答を導き出してもかまいません。すべての問題に正解できるまで見直します。

2〜5セット目

【仕上げモード】
試験直前の仕上げに利用しましょう。時間を計って本番のつもりで取り組みます。
これまでに取り組んだ6セットの過去問で間違えた問題の解説を本番試験の前にもう一度見直しましょう。

6セット目

音声について

収録内容

一次試験・リスニングの音声を聞くことができます。本書とともに使い，効果的なリスニング対策をしましょう。

【特長】
リスニング
🔊

本番の試験の音声を収録	➡	スピードをつかめる！
解答時間は本番通り10秒間	➡	解答時間に慣れる！
収録されている英文は，別冊解答に掲載	➡	聞き取れない箇所を確認できる！

2つの方法で音声が聞けます！

音声再生サービスご利用可能期間

2024年2月28日～2025年8月31日

※ご利用可能期間内にアプリやPCにダウンロードしていただいた音声は，期間終了後も引き続きお聞きいただけます。

※これらのサービスは予告なく変更，終了することがあります。

 ① 公式アプリ (iOS/Android) でお手軽再生

[ご利用方法]

① 「英語の友」公式サイトより，アプリをインストール（上の2次元コードから読み込めます）

URL：https://eigonotomo.com/ 　英語の友 🔍

② アプリ内のライブラリよりご購入いただいた書籍を選び，「追加」ボタンを押してください

③ パスワードを入力すると，音声がダウンロードできます

[パスワード：niuxtw] ※すべて半角アルファベット小文字

※本アプリの機能の一部は有料ですが，本書の音声は無料でお聞きいただけます。

※詳しいご利用方法は「英語の友」公式サイト，あるいはアプリ内のヘルプをご参照ください。

4

② パソコンで音声データダウンロード（MP3）

［ご利用方法］

①Web特典にアクセス

詳細は，P6をご覧ください。

②「一次試験音声データダウンロード」から聞きたい検定の回を選択して

ダウンロード

※音声ファイルはzip形式にまとめられた形でダウンロードされます。
※音声の再生にはMP3を再生できる機器などが必要です。ご使用機器，音声再生ソフト等に関する技術的なご質問は，ハードメーカーもしくはソフトメーカーにお願いいたします。

CDをご希望の方は，別売「2024年度版英検5級過去6回全問題集CD」
（本体価格1,350円+税）をご利用ください。

持ち運びに便利な小冊子とCD2枚付き。CDプレーヤーで通して聞くと，本番と同じような環境で練習できます。
※本書では，収録箇所を**CD 1 1**〜**11**のように表示しています。

Web特典について

購入者限定の「Web特典」を，みなさんの英検合格にお役立てください。

ご利用 可能期間		2024年2月28日～2025年8月31日 ※本サービスは予告なく変更，終了することがあります。	
アクセス 方法	スマートフォン タブレット	右の2次元コードを読み込むと， パスワードなしでアクセスできます！	
	PC スマートフォン タブレット 共通	1. Web特典（以下のURL）にアクセスします。 　 https://eiken.obunsha.co.jp/5q/ 2. 本書を選択し，以下のパスワードを入力します。 　 niuxtw　※すべて半角アルファベット小文字	

＜特典内容＞

(1) 解答用紙

本番にそっくりの解答用紙が印刷できるので，何度でも過去問にチャレンジできます。

(2) 音声データのダウンロード

一次試験リスニングの音声データ（MP3）を無料でダウンロードできます。

※スマートフォン・タブレットの方は，アプリ「英語の友」（P4）をご利用ください。

(3) 英検5級でよく出る英単語

英検5級でよく出る英単語をリズムに乗せて学習できる音声と，その収録内容が掲載された
PDFファイルのセットです。「曜日」「月」「疑問詞」の25の単語を収録しています。

(4) スピーキングテスト

Web上でスピーキングテストの予想問題を体験することができます。

6

自動採点アプリ「学びの友」の利用方法

本書の問題は，採点・見直し学習アプリ「学びの友」でカンタンに自動採点することができます。

ご利用可能期間	**2024年2月28日〜2025年8月31日** ※本サービスは予告なく変更，終了することがあります。 ※ご利用可能期間内にアプリ内で「追加」していた場合は，期間終了後も引き続きお使いいただけます。
アクセス方法	**「学びの友」公式サイトにアクセス** **https://manatomo.obunsha.co.jp/** （右の2次元コードからもアクセスできます）

※iOS／Android端末，Webブラウザよりご利用いただけます。
※アプリの動作環境については，「学びの友」公式サイトをご参照ください。なお，本アプリは無料でご利用いただけます。
※詳しいご利用方法は「学びの友」公式サイト，あるいはアプリ内ヘルプをご参照ください。

［ご利用方法］

①アプリを起動後，「旺文社まなびID」に会員登録してください
　会員登録は無料です。

②アプリ内の「書籍を追加する」よりご購入いただいた書籍を選び，「追加」ボタンを押してください

③パスワードを入力し，コンテンツをダウンロードしてください
　　　［パスワード：niuxtw］　※すべて半角アルファベット小文字

④学習したい検定回を選択してマークシートを開き，学習を開始します
　マークシートを開くと同時にタイマーが動き出します。
　問題番号の下には，書籍内掲載ページが表示されています。
　問題番号の左側の□に「チェック」を入れることができます。

⑤リスニングテストの音声は，問題番号の横にある再生ボタンをタップ
　一度再生ボタンを押したら，最後の問題まで自動的に進みます。

⑥リスニングテストが終了したら，画面右上「採点する」を押して答え合わせをします

［採点結果の見方］

結果画面では，正答率や合格ラインとの距離，間違えた問題の確認ができます。

英検®Information インフォメーション

出典：英検ウェブサイト

> **英検5級について**

5級では，「初歩的な英語を理解することができ，またそれを使って表現する」ことが求められます。
一次試験（筆記・リスニング）に加え，スピーキングテストも受験できます。
目安としては「中学初級程度」です。

試験内容

主な場面・状況	家庭・学校・地域（各種店舗・公共施設を含む）・電話など
主な話題	家族・友達・学校・趣味・旅行・買い物・スポーツ・映画・音楽・食事・天気・道案内・自己紹介・休日の予定・近況報告など

筆記 ⊘ 25分

問題	形式・課題詳細	問題数	満点スコア
1	短文の空所に文脈に合う適切な語句を補う。	15問	
2	会話文の空所に適切な文や語句を補う。	5問	425
3	日本文を読み，その意味に合うように与えられた語句を並べ替える。	5問	

リスニング ⊘ 約20分　放送回数は2回

問題	形式・課題詳細	問題数	満点スコア
第1部	会話の最後の発話に対する応答として最も適切なものを補う。（補助イラスト付き）	10問	
第2部	会話の内容に関する質問に答える。	5問	425
第3部	短文を聞いて，イラストの動作や状況を表すものを選ぶ。	10問	

💬 スピーキング ｜ ⏱ 約3分 ｜ コンピューター端末を利用した録音型面接

問題	形式・課題詳細	満点スコア
音読	20語程度のパッセージを読む。	
No.1 No.2	音読したパッセージの内容についての質問に答える。	425
No.3	日常生活の身近な事柄についての質問に答える。（カードのトピックに直接関連しない内容も含む）	

※一次試験（筆記・リスニング）の合否に関係なく，申込者全員が受験できます。
※コンピューター端末を利用した録音形式です。
※受験日の指定はなく，有効期間は約1年間です。期間内に1度だけ受験できます。
※級認定は，一次試験（筆記・リスニング）の結果のみで合否を判定します。スピーキングテストの結果は，級認定とは別に合格者に「スピーキングテスト合格」として認定されます。

✉ 英検協会スタッフからの応援メッセージ

People in many countries speak English. If you learn English, then you can make new friends. The EIKEN tests will help you. Practice and do your best!

たくさんの国の人々が英語を話します。英語を学べば，新しい友達をつくることができます。「英検」はみなさんの手助けになるでしょう。勉強して，ベストを尽くしてください！

統計的に算出される英検CSEスコアに基づいて合否判定されます。Reading, Listening, Writing, Speakingの4技能が均等に評価され，合格基準スコアは固定されています。

≫ 技能別にスコアが算出される！

技能	試験形式	満点スコア	合格基準スコア
Reading（読む）	一次試験（筆記）	425	419
Listening（聞く）	一次試験（リスニング）	425	
Writing（書く）	※5級では測定されません	－	
Speaking（話す）	スピーキングテスト	425	266

● ReadingとListeningの技能別にスコアが算出され，それを合算して判定されます。

● Speakingは，級の合否とは関係なく受験でき，スピーキングテスト単体で合否判定されます。

≫ 合格するためには，技能のバランスが重要！

英検CSEスコアでは，技能ごとに問題数は異なりますが，スコアを均等に配分しているため，各技能のバランスが重要となります。なお，正答数の目安を提示することはできませんが，2016年度第1回一次試験では，1級，準1級は各技能での正答率が7割程度，2級以下は各技能6割程度の正答率の受験者の多くが合格されています。

≫ 英検CSEスコアは国際標準規格CEFRにも対応している！

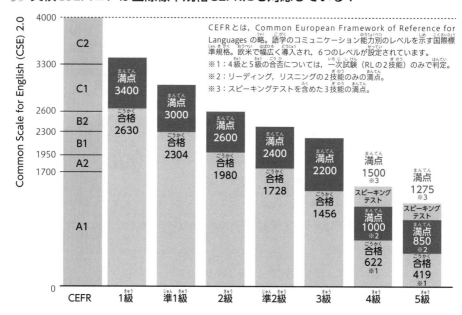

2024年度 受験情報

※「本会場」以外の実施方式については，試験日程・申込方法が異なりますので，英検ウェブサイトをご覧ください。
※受験情報は変更になる場合があります。

◉ 2024年度 試験日程

第1回
申込受付 3月15日 ▶ 5月8日
一次試験 6月2日（日）

第2回
申込受付 7月1日 ▶ 9月9日
一次試験 10月6日（日）

第3回
申込受付 11月1日 ▶ 12月16日
一次試験 1月26日（日）2025年

※上記の申込期間はクレジット支払いの場合。支払い・申し込みの方法によって締切日が異なるのでご注意ください。
※上記以外の日程でも準会場で受験できる可能性があります。
※詳しくは英検ウェブサイトをご覧ください。

スピーキングテスト	受験日の指定はなく，有効期間は申し込んだ回次の一次試験合否閲覧日から約1年間です。期間内に1度だけ受験できます。

◉ 申込方法

団体受験	▶ 学校や塾などで申し込みをする団体受験もあります。詳しくは先生にお尋ねください。
個人受験	▶ インターネット申込・コンビニ申込・英検特約書店申込のいずれかの方法で申し込みができます。詳しくは英検ウェブサイトをご覧ください。

お問い合わせ先

英検サービスセンター	英検ウェブサイト
TEL.03-3266-8311 ㊊～㊎ 9：30～17：00 （祝日・年末年始を除く）	**www.eiken.or.jp/eiken/** 詳しい試験情報を見たり，入試等で英検を活用している学校を検索したりすることができます。

英検® 5級の試験形式とポイント

2023年度第1回検定と第2回検定を分析し，出題傾向と攻略ポイントをまとめました。5級の合格に必要な正答率は6割程度と予測されます。正答率が6割を切った大問は苦手な分野だと考えて，重点的に対策をとりましょう。

一次試験　筆記（25分）

1	適切な語句を選ぶ問題	問題数	目標時間
		15問	**10**分

短文または会話文の空所に入れるのに最も適切な語句を，4つの選択肢から選びます。単語が7問，熟語が5問，文法が3問出題されることが多いです。

---

(3) Kenji can (　　　　) English very well. He likes English very much.

  1 see   **2** eat   **3** live   **4** speak   (2023年度第2回)

攻略ポイント 空所前後の語句とのつながりに注意して，文の意味が通じるか判断します。よく出題される単語，熟語や定型表現はしっかりとおさえておきましょう。文法は，代名詞・疑問詞・動詞の形などがよく出題されます。使い分けをきちんと覚えておきましょう。

2	適切な会話表現を選ぶ問題	問題数	目標時間
		5問	**7**分

会話文の空所に入れるのに最も適切な文や語句を，4つの選択肢から選びます。日常会話でよく使われる表現が問われます。

---

(16) *Boy 1:* Where's Mom, Arthur?

    Boy 2: (　　　　) She's buying fruit for dinner.

  1 She's nice.   **2** At the store.

  3 On the weekend.   **4** She has many.   (2023年度第2回)

攻略ポイント 会話の場面を想像しながら，空所のあるほうの話者になったつもりで会話を読み，応答が自然に成り立つ発話を考えましょう。疑問文への答え方や，会話の定型表現の使い方をしっかりと覚えておきましょう。

日本文の意味を表すように①～④の語句を並べかえて英文を完成させ，1番目と3番目にくる組合せの番号を4つの選択肢から選びます。

---

(21) 私はシンガポールにたくさんの友だちがいます。
(① of ② friends ③ a lot ④ have)
I 【1番目】 【 】 【3番目】 【 】 in Singapore.
1 ③ - ② **2** ④ - ① **3** ② - ④ **4** ① - ②

(2023年度第2回)

攻略ポイント 肯定文・疑問文・否定文・命令文それぞれの語順をしっかり理解しておきましょう。主語と動詞の位置や疑問詞の位置，否定語の not の入る位置などに注意しましょう。every day「毎日」，after school「放課後に」などが入る位置もきちんと覚えておきましょう。英文を頭の中で言いながら，4つの 【 】 に番号を記入してから解答するとよいです。

🔊 **一次試験　リスニング（約20分）**

第1部 会話を完成させる問題 | 問題数 **10**問 | 放送回数 **2**回

イラストを見ながら英文を聞き，その文に対する応答として最もふさわしいものを，放送される3つの選択肢から選びます。

No. 1

問題冊子

放送文

What are you doing?
1 My homework.
2 With my friend.
3 It's me.

(2023年度第2回)

攻略ポイント さまざまな疑問文への答え方を問う問題がよく出題されます。What, Who, Where などの疑問詞で始まる質問への答え方や，Can you ～?「～できますか」などの質問への答え方をきちんと理解しておきましょう。質問文でないときも状況にふさわしい応答を考えます。イラストをよく見て英文を聞くようにしましょう。

第2部	会話の内容を聞き取る問題	問題数 5 問	放送回数 2 回

会話とその内容に関する質問を聞き，その質問の答えを問題冊子に印刷された4つの選択肢から選びます。

問題冊子

No. 11
1 Eggs.
2 Toast.
3 Rice.
4 Pancakes.

放送文

☆ : I eat toast for breakfast. How about you, Chris?

★ : I don't like toast. I eat rice every morning.

Question: What does Chris eat for breakfast?

(2023 年度第 2 回)

★=男性, ☆=女性

攻略ポイント

英文が流れる前に，選択肢に目を通しておきましょう。第2部にはイラストがないので，呼びかけの名前に注意して，だれとだれが話しているのか理解するようにします。1回目の放送で質問を聞き取り，2回目の放送では，質問の内容を理解したうえで的を絞って会話を聞くとよいでしょう。

第3部	イラストを見て適切な英文を選ぶ問題	問題数 10 問	放送回数 2 回

イラストを見ながら3つの英文を聞き，その中からイラストの動作や状況を正しく表しているものを選びます。

問題冊子

No. 18

放送文

1 It's five forty-five in the morning.
2 It's five fifty in the morning.
3 It's five fifty-five in the morning.

(2023 年度第 2 回)

攻略ポイント

時刻や曜日など時を表す表現，長さや重さ，値段など数字で表す表現，天気を表す表現，職業を表す表現，動作を表す表現，場所を表す表現などがよく出題されます。イラストに数字やカレンダーが描かれていたら，その数や日付の言い方を思い浮かべてから聞くようにすると，正確に聞き取る助けとなります。

スピーキングテスト（約3分）　録音形式

パソコンやタブレットなどのコンピューター端末から，インターネット上の受験専用サイトにアクセスして受験します。画面に表示された20語程度の英文とイラストを見て質問に答えます。くわしくは Web 特典のスピーキングテストの予想問題をご覧ください。

スピーキングテストの流れ

音読 ……………… 画面に表示された英文を黙読した後，音読します。
No. 1, No. 2 ……… 音読した英文の内容についての質問に答えます。
No. 3 ……………… 受験者自身についての質問に答えます。

攻略ポイント 音読は，制限時間内に読み終わるように気をつけて，タイトルからていねいにはっきりと読みましょう。質問には画面上の英文をよく見て答え，何について聞かれているのか，What，Who，How old などの疑問の表現を聞き逃さないようにしましょう。

2023-2

2023.10.8 実施

試験時間

筆記：25分

リスニング：約20分

Grade 5

筆記	P18〜24
リスニング	P25〜30

＊解答・解説は別冊P5〜22にあります。

■筆 記■

1 次の(1)から(15)までの(　　　)に入れるのに最も適切なものを1, 2, 3, 4の中から一つ選び, その番号のマーク欄をぬりつぶしなさい。

(1) **A:** Does Alice have any (　　　)?
　　B: Yes.　She has three dogs.
　　1 videos　　**2** pets　　**3** songs　　**4** classes

(2) **A:** Look!　That cat is very (　　　).
　　B: Yes.　It's very cute.
　　1 small　　**2** rainy　　**3** high　　**4** cloudy

(3) Kenji can (　　　) English very well.　He likes English very much.
　　1 see　　**2** eat　　**3** live　　**4** speak

(4) **A:** What (　　　) do you like?
　　B: I like green.
　　1 year　　**2** song　　**3** color　　**4** movie

(5) *A:* Hiroshi, which season do you like?

    B: I like spring. We can (   ) new
       friends in April.

    1 meet   **2** go   **3** close   **4** cook

(6) *A:* Everyone, open your (   ) to page 35.

    B: OK, Ms. Brown.

    1 apples   **2** trains

    3 trees   **4** textbooks

(7) *A:* Does Linda (   ) very well?

    B: Yes. She takes lessons on Mondays and
       Tuesdays.

    1 make   **2** dance   **3** want   **4** open

(8) I study in the library (   ) 9:30 a.m. to
    11:30 a.m. every Sunday.

    1 of   **2** with   **3** under   **4** from

(9) *A:* I want this notebook. How (   ) is it?

    B: It's 100 yen.

    1 old   **2** much   **3** long   **4** many

(10) My father always eats eggs for breakfast
(   ) the morning.

1 on   **2** by   **3** in   **4** of

(11) *A:* Do you know the boy over (   ), Jane?
B: Yes, Ken. That's my brother.

1 that   **2** there   **3** too   **4** then

(12) Hiroshi always (   ) to bed at 9 p.m. and
gets up at 6 a.m.

1 goes   **2** plays   **3** does   **4** sits

(13) *A:* Kanako, are you a baseball fan?
B: Yes, I (   ).

1 am   **2** is   **3** are   **4** does

(14) *A:* Who are the girls in this picture, Jack?
B: (   ) are my sisters.

1 She   **2** They   **3** He   **4** I

(15) *A:* I can't find my pen. Julia, can I use
(   )?
B: Yes.

1 you   **2** your   **3** our   **4** yours

2 次の(16)から(20)までの会話について，(　　　)に入れるのに最も適切なものを1, 2, 3, 4の中から一つ選び，その番号のマーク欄をぬりつぶしなさい。

(16) ***Boy 1:*** Where's Mom, Arthur?

    Boy 2: (　　　　) She's buying fruit for dinner.

  1 She's nice.

  2 At the store.

  3 On the weekend.

  4 She has many.

(17) ***Teacher:*** Please open the window, Charlie. (　　　　)

    Boy: OK, Ms. Carter.

  1 It's Sunday.　　　　**2** To school.

  3 It's hot.　　　　**4** At home.

(18) ***Girl:*** This umbrella is nice. (　　　　)

    Boy: It's my father's.

  1 How do you make it?

  2 Do you often use it?

  3 Whose is it?

  4 Which is mine?

(19) *Girl 1:* Cindy, let's take some pictures here.

Girl 2: (　　　) This garden is so beautiful.

1 That's a good idea.

2 You're tall.

3 It's mine.

4 This book is nice.

(20) *Girl:* Can I have some juice?

Father: (　　　) It's in the kitchen.

1 No, thanks.

2 I like fish.

3 Yes, I can.

4 Of course.

3 次の(21)から(25)までの日本文の意味を表すように①から④までを並べかえて □ の中に入れなさい。そして，**1**番目と**3**番目にくるものの最も適切な組合せを**1, 2, 3, 4**の中から一つ選び，その番号のマーク欄をぬりつぶしなさい。※ただし，（　）の中では，文のはじめにくる語も小文字になっています。

---

(21) 私はシンガポールにたくさんの友だちがいます。

（① of　② friends　③ a lot　④ have）

I [1番目 □] [□] [3番目 □] [□] in Singapore.

1 ③ - ②　　**2** ④ - ①　　**3** ② - ④　　**4** ① - ②

(22) この花はトムへのプレゼントです。

（① Tom　② is　③ for　④ a present）

This flower [1番目 □] [□] [3番目 □] [□].

1 ② - ③　　**2** ③ - ①　　**3** ④ - ①　　**4** ③ - ②

(23) ビルと私は冬にスキーに行きます。

（① skiing　② go　③ and　④ I）

Bill [1番目 □] [□] [3番目 □] [□] in winter.

1 ② - ③　　**2** ④ - ③　　**3** ① - ④　　**4** ③ - ②

23

(24) ジェームズ，あなたのお父さんはいつ新聞を読みますか。

（① read　② your father　③ does

④ the newspaper）

James, when ☐ ☐ ☐ ☐?

1 ② - ④　　**2** ③ - ②　　**3** ③ - ①　　**4** ④ - ①

(25) マイクは今，音楽を聞いています。

（① music　② to　③ listening　④ is）

Mike ☐ ☐ ☐ ☐ now.

1 ④ - ②　　**2** ③ - ②　　**3** ④ - ①　　**4** ① - ③

■リスニング■

5級リスニングテストについて

1　このテストには，第1部から第3部まであります。
　　☆英文は二度放送されます。
　　第1部：イラストを参考にしながら英文と応答を聞き，最も適
　　　　　切な応答を1, 2, 3の中から一つ選びなさい。
　　第2部：対話と質問を聞き，その答えとして最も適切なものを1,
　　　　　2, 3, 4の中から一つ選びなさい。
　　第3部：三つの英文を聞き，その中から絵の内容を最もよく表
　　　　　しているものを一つ選びなさい。
2　No. 25のあと，10秒すると試験終了の合図がありますので，筆
　　記用具を置いてください。

第1部　　🔊 ▶MP3 ▶アプリ ▶CD1 **1**〜**11**

〔例題〕

No. 1

No. 2

No. 3

No. 4

No. 5

No. 6

No. 7

No. 8

No. 9

No. 10

No. 11
1 Eggs.
2 Toast.
3 Rice.
4 Pancakes.

No. 12
1 The milk.
2 The butter.
3 A hot drink.
4 Some bread.

No. 13
1 In her bedroom.
2 In the kitchen.
3 At school.
4 At her friend's house.

No. 14
1 The girl.
2 The boy.
3 The girl's brother.
4 The boy's brother.

No. 15
1 At 6:00.
2 At 6:30.
3 At 7:00.
4 At 7:30.

No. 16

No. 17

No. 18

No. 19

No. 20

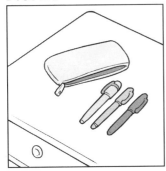

No. 21

No. 22

No. 23

No. 24

No. 25

2023-1

2023.6.4実施

試験時間

筆記：25分
リスニング：約20分

Grade 5

筆記　　　　　　　　　P32〜38
リスニング　　　　　　P39〜44

＊解答・解説は別冊P23〜40にあります。

■筆　記■

(1) *A:* Please write your (　　) and telephone
　　　number here.

　　 B: OK.

　　 1 bird　　　**2** name　　　**3** door　　　**4** watch

(2) *A:* Kyoko, which (　　) do you like at
　　　school, science or math?

　　 B: Math.

　　 1 team　　　**2** window　　**3** subject　　**4** place

(3) *A:* Let's go to a new cake (　　), Tina.

　　 B: That's a good idea.

　　 1 shop　　　**2** bike　　　**3** egg　　　**4** chair

(4) Students often play (　　) in Mr. Brown's
　　English class.

　　 1 games　　　**2** phones　　**3** clocks　　**4** cameras

(5) Alice eats toast for (   ).

1 newspaper   **2** breakfast
3 music   **4** snow

(6) Jessica is a big (   ) of her hometown's soccer team.

1 fan   **2** table
3 mountain   **4** box

(7) Look at that red (   ). It's swimming very fast.

1 ball   **2** flower   **3** fish   **4** river

(8) *A:* Bye, Brenda. (   ) a nice day.
    B: Thanks.

1 Eat   **2** Go   **3** Come   **4** Have

(9) *A:* Are you from England, Katie?
    B: That's (   ). I'm from London.

1 well   **2** little   **3** right   **4** happy

(10) Kelly often talks (   ) her future dream.

1 about   **2** by   **3** from   **4** under

(11) Yoshiko sometimes does her homework
(   ) night.

1 at   **2** off   **3** for   **4** to

(12) Megumi is 13 (   ) old. She's a junior
high school student.

1 fruits   **2** years   **3** hands   **4** girls

(13) *A:* Dad, please help (   ). Today's
homework is very hard.

B: OK.

1 I   **2** my   **3** me   **4** mine

(14) *A:* Cathy, (   ) are you doing?

B: I'm writing a letter to my friend.

1 whose   **2** what   **3** when   **4** who

(15) My sister and I (   ) dinner every Sunday.

1 cook   **2** cooks   **3** cooking   **4** to cook

2 次の(16)から(20)までの会話について, (　　)に入れるのに最も適切なものを**1, 2, 3, 4**の中から一つ選び, その番号のマーク欄をぬりつぶしなさい。

(16) ***Teacher:*** Where do you usually play baseball, Jack?

　　Boy: (　　　) Mr. Parker.

1 In the morning,

2 Goodbye,

3 You're here,

4 Near my house,

(17) 　***Girl:*** Mom, let's go to the shopping mall.

Mother: I'm busy now. (　　　)

　Girl: OK.

1 How about this afternoon?

2 Is that your bag?

3 Which color do you like?

4 Who can go with you?

(18) *Father:* Do you know those boys over there, Fred?

    Boy: Yes, Dad. (   )

1 We're going home now.

2 I can't see them.

3 They're my friends.

4 It's for school.

(19) *Girl:* Can I use your dictionary, Eddie?

    Boy: (   ) I'm using it now.

1 I'm sorry.

2 You're OK.

3 I'm 150 cm.

4 It's for you.

(20)   *Girl:* Dad, I can't find my red pen.

    Father: Look. (   )

1 That's nice.

2 It has five colors.

3 It's on the table.

4 Let's go after lunch.

次の(21)から(25)までの日本文の意味を表すように①から④までを並べかえて □ の中に入れなさい。そして，**1番目**と**3番目**にくるものの最も適切な組合せを**1, 2, 3, 4**の中から一つ選び，その番号のマーク欄をぬりつぶしなさい。※ただし，( )の中では，文のはじめにくる語も小文字になっています。

3

(21) ジュディ，あなたのお姉さんはどうやってピアノを練習しますか。

(① practice　② how　③ your sister　④ does)

Judy, ☐(1番目) ☐ ☐(3番目) ☐ the piano?

1 ③ - ④　　**2** ① - ③　　**3** ② - ①　　**4** ② - ③

(22) 私はいつも朝6時に起きます。

(① up　② get　③ six　④ at)

I always ☐(1番目) ☐ ☐(3番目) ☐ in the morning.

1 ③ - ②　　**2** ④ - ①　　**3** ② - ④　　**4** ① - ②

(23) 私たちは毎日，教室を掃除します。

(① clean　② classroom　③ our　④ we)

☐(1番目) ☐ ☐(3番目) ☐ every day.

1 ② - ①　　**2** ④ - ③　　**3** ① - ③　　**4** ② - ④

(24) 窓を閉めてくれますか。

(① you　② close　③ can　④ the window)

1番目		3番目	

, please?

1 ③ - ②　　**2** ③ - ①　　**3** ④ - ①　　**4** ④ - ③

(25) 鈴木先生と歩いているのはだれですか。

(① walking　② is　③ with　④ who)

1番目		3番目	

Mr. Suzuki?

1 ③ - ②　　**2** ① - ③　　**3** ② - ③　　**4** ④ - ①

■リスニング■

5級リスニングテストについて

1 このテストには，第1部から第3部まであります。
   ☆英文は二度放送されます。
   第1部：イラストを参考にしながら英文と応答を聞き，最も適
        切な応答を1, 2, 3の中から一つ選びなさい。
   第2部：対話と質問を聞き，その答えとして最も適切なものを1,
        2, 3, 4の中から一つ選びなさい。
   第3部：三つの英文を聞き，その中から絵の内容を最もよく表
        しているものを一つ選びなさい。
2 No. 25のあと，10秒すると試験終了の合図がありますので，筆
   記用具を置いてください。

▓▓ 第1部 ▓▓　　　🔊)) ▶MP3 ▶アプリ ▶CD1 29〜39

〔例題〕

No. 1

No. 2

No. 3

No. 4

No. 5

No. 6

No. 7

No. 8

No. 9

No. 10

No. 11

1 On Thursday.
2 On Friday.
3 On Saturday.
4 On Sunday.

No. 12

1 Helen's.
2 Mike's.
3 Helen's sister's.
4 Mike's sister's.

No. 13

1 Under the table.
2 On the table.
3 Under the chair.
4 On the chair.

No. 14

1 A fish.
2 A dog.
3 A rabbit.
4 A cat.

No. 15

1 Four.
2 Five.
3 Six.
4 Seven.

23年度第1回 リスニング

No. 16

No. 17

No. 18

No. 19

No. 20

No. 21

No. 22

No. 23

No. 24

No. 25

2022-3

2023.1.22 実施

試験時間

筆記：25分
リスニング：約20分

Grade 5

筆記	P46〜52
リスニング	P53〜58

＊解答・解説は別冊P41〜58にあります。

1 次の(1)から(15)までの(　　　)に入れるのに最も適切なものを 1, 2, 3, 4の中から一つ選び, その番号のマーク欄をぬりつぶしなさい。

(1) Jill (　　　) in a band with her friends.

    1 puts   **2** paints   **3** sings   **4** speaks

(2) *A:* Oh, your picture is very (　　　), Linda.
       I like it very much.
    B: Thank you, Ms. Wilson.

    1 nice   **2** tall   **3** sorry   **4** young

(3) I have one (　　　). She is ten years old.

    1 son   **2** father   **3** brother   **4** sister

(4) *A:* Look! It's (　　　)!
    B: Yeah, it's very cold.

    1 snowing **2** reading **3** saying **4** telling

(5) *A:* Do you often go to (　　　)?
    B: Yes, I like delicious food.

    1 restaurants   **2** trees
    3 cameras   **4** rooms

(6) Mr. Kuroda is a (   ). Many people go
to his hospital.
1 pilot   **2** doctor   **3** dancer   **4** teacher

(7) *A:* Oh, that's a beautiful (   ). Is that a
present, Jane?
B: Yes, this is for my mom.
1 hair   **2** test   **3** flower   **4** window

(8) I play soccer (   ) school on Sundays.
1 at   **2** of   **3** out   **4** down

(9) Nancy (   ) in California.
1 lives   **2** looks   **3** buys   **4** wants

(10) *A:* Can you come (   ) my house at three
this afternoon?
B: Sorry, I can't.
1 of   **2** for   **3** to   **4** out

(11) *A:* John, what (　　　) do you usually take a bath?

　　B: Around nine o'clock.

　　1 time　　**2** week　　**3** hand　　**4** face

(12) *A:* Do you like English?

　　B: Yes, (　　　) course.

　　1 in　　**2** out　　**3** on　　**4** of

(13) Ms. Brown has two children. (　　　) names are Nick and Cindy.

　　1 They　　**2** Theirs　　**3** Them　　**4** Their

(14) *A:* Do you speak French?

　　B: No, I (　　　). But I speak Spanish.

　　1 don't　　**2** doesn't　**3** isn't　　**4** aren't

(15) *A:* This math question is difficult.

　　B: Let's ask Mr. Yamada. He can help (　　　).

　　1 we　　**2** us　　**3** our　　**4** ours

次の(16)から(20)までの会話について，（　　　）に入れるのに最も適切なものを1, 2, 3, 4の中から一つ選び，その番号のマーク欄をぬりつぶしなさい。

(16) *Girl:* Bye, Mike.

　　 Boy: (　　　　)

　　 1 I'm fine.　　　　　　　**2** See you.

　　 3 Good morning.　　　　**4** Me, too.

(17) *Girl 1:* This is my new dress.

　　 Girl 2: (　　　　)

　　 1 I can, too.　　　　　　**2** It's beautiful.

　　 3 At the party.　　　　　**4** For my birthday.

(18) *Girl:* Tom, I can't study with you after school today.

　　 Boy: (　　　　)

　　 1 Let's go.　　　　　　　**2** It's July 14th.

　　 3 That's all right.　　　　**4** You're welcome.

(19) *Mother:* How about this skirt, Ann?

   Girl: (   ) It's my favorite color.

   1 I can go.   **2** I'm 13 years old.

   3 I'm sorry.   **4** I love it.

(20) *Boy 1:* Your English teacher is very young.
   How old is she, Carl?

   Boy 2: (   )

   1 She's 25.

   2 She's a dancer.

   3 She's not very tall.

   4 She's not at home now.

次の(21)から(25)までの日本文の意味を表すように①から④までを並べかえて □ の中に入れなさい。そして，**1番目と3番目**にくるものの最も適切な組合せを**1, 2, 3, 4**の中から一つ選び，その番号のマーク欄をぬりつぶしなさい。※ただし，( )の中では，文のはじめにくる語も小文字になっています。

3

(21) 私は毎晩8時間寝ます。

(① sleep　② hours　③ for　④ eight)

I ☐(1番目) ☐ ☐(3番目) ☐ every night.

1 ② - ①　　**2** ① - ③　　**3** ④ - ③　　**4** ① - ④

(22) キャシーはどこでテニスをしますか。

(① does　② where　③ Cathy　④ play)

☐(1番目) ☐ ☐(3番目) ☐ tennis?

1 ① - ④　　**2** ④ - ②　　**3** ③ - ①　　**4** ② - ③

(23) あなたのお母さんの名前は弘子ですか。

(① name　② mother's　③ is　④ your)

☐(1番目) ☐ ☐(3番目) ☐ Hiroko?

1 ① - ③　　**2** ① - ④　　**3** ③ - ②　　**4** ④ - ③

(24) ジェームズ，あなたはどうやって英語を勉強しますか。

(① do　② how　③ you　④ study)

James, [1番目 ☐] [☐] [3番目 ☐] [☐] English?

1 ③ - ④　　**2** ④ - ①　　**3** ② - ③　　**4** ② - ①

(25) 順子，あなたは料理クラブに入っていますか。

(① in　② you　③ the cooking club　④ are)

Junko, [1番目 ☐] [☐] [3番目 ☐] [☐]?

1 ③ - ④　　**2** ④ - ①　　**3** ③ - ①　　**4** ④ - ②

■■リスニング■■

5級リスニングテストについて

1 このテストには，第1部から第3部まであります。
☆英文は二度放送されます。
第1部：イラストを参考にしながら英文と応答を聞き，最も適
切な応答を1, 2, 3の中から一つ選びなさい。
第2部：対話と質問を聞き，その答えとして最も適切なものを1,
2, 3, 4の中から一つ選びなさい。
第3部：三つの英文を聞き，その中から絵の内容を最もよく表
しているものを一つ選びなさい。
2 No. 25のあと，10秒すると試験終了の合図がありますので，筆
記用具を置いてください。

▌▌▌▌ 第1部 ▌▌▌▌ 🔊 ▶MP3 ▶アプリ ▶CD1 57〜67

〔例題〕

No. 1

No. 2

No. 3

No. 4

No. 5

No. 6

No. 7

No. 8

No. 9

No. 10

No. 11

1 Some tea.
2 Some juice.
3 Some milk.
4 Some coffee.

No. 12

1 30 dollars.
2 35 dollars.
3 40 dollars.
4 45 dollars.

No. 13

1 Nancy.
2 Nancy's brother.
3 Steve.
4 Steve's brother.

No. 14

1 In her pencil case.
2 In her bag.
3 Under her chair.
4 Under her textbook.

No. 15

1 She listens to music.
2 She draws pictures.
3 She sings with the boy.
4 She plays the piano.

No. 16

No. 17

No. 18

No. 19

No. 20

No. 21

No. 22

No. 23

No. 24

No. 25

2022-2

2022.10.9 実施

試験時間

筆記：25分
リスニング：約20分

Grade 5

5

筆記   P60〜66
リスニング   P67〜72

＊解答・解説は別冊P59〜76にあります。

■筆　記■

1 次の(1)から(15)までの(　　　)に入れるのに最も適切なものを1, 2, 3, 4の中から一つ選び, その番号のマーク欄をぬりつぶしなさい。

(1) We have two (　　　) this afternoon, English and math.

   1 desks   **2** friends   **3** classes   **4** oranges

(2) My mother often (　　　) tulips at the flower shop.

   1 plays   **2** teaches   **3** closes   **4** buys

(3) *A:* Carl, do you go to school by bus (　　　) by train?

   B: By bus, Mr. Anderson.

   1 but   **2** so   **3** or   **4** also

(4) *A:* What (　　　) do you like, Susan?

   B: I like cats and dogs.

   1 sports   **2** animals   **3** movies   **4** drinks

(5) Hiroshi usually ( ) basketball games on TV.

1 watches   **2** speaks   **3** listens   **4** sings

(6) *A:* Tom, let's study at my ( ) today.

B: OK, see you later.

1 winter   **2** time   **3** foot   **4** house

(7) *A:* Who is your favorite baseball player?

B: Ken Suzuki. He's ( )!

1 great   **2** sure   **3** many   **4** sunny

(8) *A:* Kent, ( ) at my new camera.

B: Oh, it's cute.

1 eat   **2** cook   **3** want   **4** look

(9) *A:* Kelly, what time do you ( ) up every morning?

B: At six.

1 wake   **2** tell   **3** say   **4** know

(10) I have a lot ( ) postcards. They are from my grandfather.

1 of   **2** by   **3** down   **4** after

(11) A: Mike, welcome (　　　) our soccer club!
B: Thanks.

1 before　　2 to　　　　3 under　　4 off

(12) A: Dad, I'm sleepy.
B: It's time for bed, Chris. (　　　) a good
night's sleep.

1 Go　　　2 Have　　3 Stand　　4 Make

(13) A: Dad, (　　　) is Karen?
B: She is in the living room now.

1 what　　2 when　　3 who　　　4 where

(14) Mr. Smith is my art teacher. (　　)
lessons are very fun.

1 His　　　2 Your　　3 We　　　4 Her

(15) A: Hiroko, do you play tennis every day?
B: Yes, I (　　　).

1 does　　2 do　　　3 are　　　4 is

(16) *Girl:* Is this your new computer? It's nice.

  Boy: Yes, ( )

  1 I'm hungry.

  2 I often use it.

  3 you're at the library.

  4 you're good.

(17) *Girl:* Hi, I'm Jane. Are you a new student?

  Boy: ( )

  1 Goodbye.   **2** Yes, I am.

  3 No, it's not here.   **4** I play tennis.

(18)   *Boy:* I can't find my English textbook, Mom.

  Mother: Paul, it's ( )

  1 five years old.   **2** before breakfast.

  3 on your bed.   **4** very fast.

(19)   *Man:* What do you do after lunch?
Woman: (   )
1 I like it.   **2** Me, too.
3 I'm happy.   **4** I drink tea.

(20) *Boy:* These flowers are beautiful.
Girl: (   )
1 Nice to meet you.   **2** I think so, too.
3 Help me, please.   **4** See you later.

次の(21)から(25)までの日本文の意味を表すように①から④までを並べかえて ☐ の中に入れなさい。そして，**1番目と3番目**にくるものの最も適切な組合せを**1, 2, 3, 4**の中から一つ選び，その番号のマーク欄をぬりつぶしなさい。※ただし，( )の中では，文のはじめにくる語も小文字になっています。

3

(21) 私の辞書は，机の中にあります。

(① dictionary ② in ③ is ④ my)

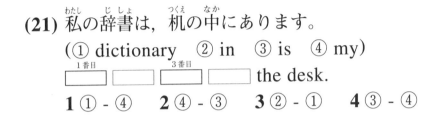

　1番目　　　　3番目　　　 the desk.

1 ① - ④　　**2** ④ - ③　　**3** ② - ①　　**4** ③ - ④

(22) その英語のレッスンはどれくらいの長さですか。

(① is ② how ③ long ④ the)

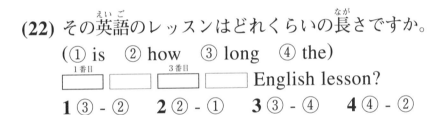

　1番目　　　　3番目　　　 English lesson?

1 ③ - ②　　**2** ② - ①　　**3** ③ - ④　　**4** ④ - ②

(23) ケイトは雨の日が好きではありません。

(① Kate ② like ③ rainy days
④ doesn't)

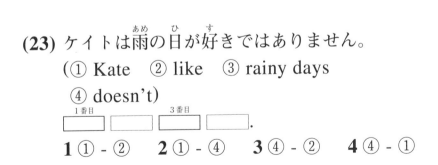

　1番目　　　　3番目　　　 .

1 ① - ②　　**2** ① - ④　　**3** ④ - ②　　**4** ④ - ①

(24) あなたの妹は放課後に野球の練習をしますか。

（① baseball ② after ③ your sister

④ practice）

Does ☐ 1番目 ☐ ☐ 3番目 ☐ school?

1 ④ - ②   **2** ① - ④   **3** ③ - ②   **4** ③ - ①

(25) あのバレーボール選手はイタリア出身です。

（① is ② volleyball ③ player ④ from）

That ☐ 1番目 ☐ ☐ 3番目 ☐ Italy.

1 ① - ②   **2** ③ - ④   **3** ① - ④   **4** ② - ①

■リスニング■

5級リスニングテストについて

1 このテストには，第1部から第3部まであります。
　☆英文は二度放送されます。
　第1部：イラストを参考にしながら英文と応答を聞き，最も適
　　　　切な応答を1, 2, 3の中から一つ選びなさい。
　第2部：対話と質問を聞き，その答えとして最も適切なものを1,
　　　　2, 3, 4の中から一つ選びなさい。
　第3部：三つの英文を聞き，その中から絵の内容を最もよく表
　　　　しているものを一つ選びなさい。
2 No. 25のあと，10秒すると試験終了の合図がありますので，筆
　記用具を置いてください。

第1部　　　　　　🔊 ▶MP3 ▶アプリ ▶CD2 **1**～**11**

〔例題〕

No. 1

No. 2

No. 3

No. 4

No. 5

No. 6

No. 7

No. 8

No. 9

No. 10

No. 11

1 In his room.
2 In the sports shop.
3 In his locker.
4 In the bathroom.

No. 12

1 One hour.
2 Two hours.
3 Three hours.
4 Four hours.

No. 13

1 She plays computer games.
2 She reads a magazine.
3 She does her homework.
4 She listens to music.

No. 14

1 The girl's mother.
2 The girl's father.
3 The boy's mother.
4 The boy's father.

No. 15

1 300 meters.
2 360 meters.
3 500 meters.
4 560 meters.

No. 16

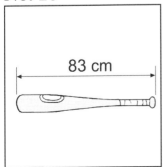

83 cm

No. 17

No. 18

No. 19

-150-

No. 20

No. 21

No. 22

No. 23

No. 24

No. 25

2022-1

2022.6.5実施

試験時間

筆記：25分

リスニング：約20分

筆記	P74〜80
リスニング	P81〜86

＊解答・解説は別冊P77〜94にあります。

Grade 5

■筆　記■

1 次の(1)から(15)までの(　　　)に入れるのに最も適切なものを1, 2, 3, 4の中から一つ選び, その番号のマーク欄をぬりつぶしなさい。

(1) *A:* Look at that (　　　) over there, Jack.

　　B: Wow! The water is very blue.

　　1 class　　　**2** river　　　**3** foot　　　**4** textbook

(2) *A:* What is your favorite (　　　)?

　　B: I like red.

　　1 milk　　　**2** fruit　　　**3** color　　　**4** pet

(3) Adam and I often go to the park. We

　　(　　　) pictures of flowers there.

　　1 read　　　**2** tell　　　**3** say　　　**4** draw

(4) *A:* Is it (　　　) today?

　　B: No, it's sunny and warm.

　　1 tall　　　**2** young　　　**3** cold　　　**4** new

(5) *A:* Do you like music, Karen?

   B: Yes, I do. I play the (   ).

   1 hat   **2** camera   **3** violin   **4** desk

(6) *A:* What are you (   )?

   B: Chocolate cookies.

   1 sleeping   **2** playing   **3** running   **4** making

(7) *A:* Do you want some water, Kevin?

   B: Yes, please. I'm really (   ).

   1 soft   **2** thirsty   **3** kind   **4** new

(8) Ryuji is Japanese. He's (   ) Osaka.

   1 with   **2** about   **3** under   **4** from

(9) *A:* Do you want some cake?

   B: No, (   ) you.

   1 enjoy   **2** thank   **3** give   **4** speak

(10) *A:* Hello, Mr. Green.

   B: Hi, Sara. Please come in and (   ) down.

   1 sit   **2** help   **3** sing   **4** listen

(11) *A:* How (　　　) is your brother?

　　B: He's four.

　　1 long　　　**2** cloudy　　**3** old　　　**4** many

(12) *A:* Let's go to the park (　　　) the afternoon, Dad.

　　B: OK.

　　1 of　　　　**2** in　　　　**3** at　　　　**4** on

(13) Please (　　　) eat in the library.

　　1 aren't　　**2** no　　　**3** don't　　**4** not

(14) Sally and Patty (　　　) good friends. They go jogging together.

　　1 are　　　**2** is　　　　**3** be　　　　**4** am

(15) *A:* Is this notebook (　　　)?

　　B: No, it's Helen's.

　　1 my　　　　**2** her　　　**3** yours　　**4** our

2

(16) *Teacher:* Where is your history textbook, Ben?

　Student: I'm sorry. (　　　)

1 It's at home.　　　　**2** It's OK.

3 I go to school.　　　**4** I read it.

(17) *Girl 1:* I don't know that man in the gym.
　　　　　(　　　)

Girl 2: Mr. Williams.

1 How are you?

2 Where is his camera?

3 What's his name?

4 When do you play?

(18) *Father:* Brenda, (　　　　)

　Girl: OK. Good night, Dad.

1 it's time for bed.

2 it's all right.

3 please watch this.

4 please come to dinner.

22
年
度
第
1
回

筆
記

(19) *Mother:* Goodbye. Have a good day at
school.

     Boy: Goodbye. (   )

1 It's at the pool.

2 You're welcome.

3 I have homework.

4 See you this evening.

(20) *Mother:* What drink do you want?

     Girl: (   )

1 Two eggs.

2 Yes, at night.

3 Orange juice, please.

4 Every weekend.

3 次の(21)から(25)までの日本文の意味を表すように①から④までを並べかえて □ の中に入れなさい。そして，1番目と3番目にくるものの最も適切な組合せを1, 2, 3, 4の中から一つ選び，その番号のマーク欄をぬりつぶしなさい。※ただし，( )の中では，文のはじめにくる語も小文字になっています。

(21) ウォーカーさんは土曜日に車を洗います。

(① his car ② washes ③ on ④ Mr. Walker)

1番目		3番目	

Saturdays.

1 ④ - ① **2** ④ - ② **3** ② - ④ **4** ② - ③

(22) あなたは学校でインターネットを使えますか。

(① use ② you ③ can ④ the Internet)

1番目		3番目

at school?

1 ① - ③ **2** ③ - ④ **3** ① - ② **4** ③ - ①

(23) 私のピアノのレッスンは4時半から5時までです。

(① to ② from ③ four thirty ④ is)

My piano lesson

1番目		3番目	

five o'clock.

1 ② - ③ **2** ④ - ③ **3** ④ - ① **4** ① - ②

(24) あなたは，どちらの帽子が好きですか。

(① cap　② which　③ you　④ do)

[1番目　]　[　　]　[3番目　]　[　　] like?

1 ② - ④　　**2** ① - ③　　**3** ④ - ②　　**4** ③ - ②

(25) この図書館にはおもしろい本がたくさんあります。

(① has　② a lot　③ interesting　④ of)

This library [1番目　]　[　　]　[3番目　]　[　　] books.

1 ① - ③　　**2** ③ - ②　　**3** ① - ④　　**4** ② - ④

■リスニング■

5級リスニングテストについて

1　このテストには，第1部から第3部まであります。
　　☆英文は二度放送されます。
　　第1部：イラストを参考にしながら英文と応答を聞き，最も適
　　　　　切な応答を1, 2, 3の中から一つ選びなさい。
　　第2部：対話と質問を聞き，その答えとして最も適切なものを1,
　　　　　2, 3, 4の中から一つ選びなさい。
　　第3部：三つの英文を聞き，その中から絵の内容を最もよく表
　　　　　しているものを一つ選びなさい。
2　No. 25のあと，10秒すると試験終了の合図がありますので，筆
　記用具を置いてください。

第1部　　　　　　🔊　▶MP3　▶アプリ　▶CD 2 **29**～**39**

〔例題〕

No. 1

No. 2

No. 3

No. 4

No. 5

No. 6

No. 7

No. 8

No. 9

No. 10

No. 11
1 At 4:00.
2 At 4:30.
3 At 5:00.
4 At 5:30.

No. 12
1 Today.
2 Tomorrow.
3 Next week.
4 Next month.

No. 13
1 Writing a letter.
2 Calling her friend.
3 Reading a book.
4 Doing her homework.

No. 14
1 A rabbit.
2 A hamster.
3 A cat.
4 A fish.

No. 15
1 One.
2 Two.
3 Three.
4 Four.

No. 16

No. 17

No. 18

No. 19

No. 20

No. 21

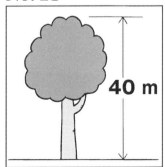

22年度第1回　リスニング

85

No. 22

No. 23

No. 24

No. 25

2021-3

2022.1.23 実施

【試験時間】
筆記：25分
リスニング：約20分

Grade 5

筆記　　　　　　　P88〜94
リスニング　　　　P95〜100

*解答・解説は別冊P95〜112にあります。

5

■ 筆 記 ■

1 次の(1)から(15)までの(　　　)に入れるのに最も適切なものを
1, 2, 3, 4の中から一つ選び, その番号のマーク欄をぬりつぶし
なさい。

(1) **A:** Janet, here is my grandma's photo
(　　　).

B: Wow! It's very nice.

1 album　　　　　　　**2** lunch

3 harmonica　　　　　**4** ticket

(2) **A:** Hi, my name's Peter.

B: Hi, Peter. I'm Junko. Nice to (　　　)
you.

1 walk　　**2** meet　　**3** write　　**4** enjoy

(3) **A:** Do you have any pets, Kelly?

B: Yes. I have two dogs and a (　　　).

1 door　　**2** coin　　**3** mouth　　**4** rabbit

(4) **A:** When is your science test, Jim?

B: It's (　　　) Monday, Mom.

1 fast　　**2** well　　**3** next　　**4** free

(5) April is the (　　　) month of the year.

1 first 　　 **2** second 　 **3** third 　　 **4** fourth

(6) Julie likes art. She often goes to a (　　　) with her mother.

1 fish 　　 **2** museum 　**3** fruit 　　 **4** pencil

(7) My mother (　　　) Japanese and English.

1 lives 　　 **2** speaks 　**3** washes 　**4** sees

(8) Fred always (　　　) a shower before breakfast.

1 reads 　 **2** goes 　　 **3** takes 　　 **4** listens

(9) *A:* Do you have your history notebook, Mark?

B: No, Scott. It's (　　　) home.

1 with 　　 **2** at 　　　 **3** of 　　　 **4** to

(10) James goes jogging every (　　　).

1 clock 　 **2** letter 　 **3** watch 　 **4** day

(11) *A:* How (　　　) is your soccer practice, John?

　　 B: It's one hour.

　　 1 cold　　　**2** big　　　**3** long　　　**4** fine

(12) *A:* Is Amy studying in her room?

　　 B: No, she's sleeping in (　　　).

　　 1 bed　　　**2** door　　　**3** table　　　**4** cup

(13) Bill likes sports.　He can (　　　) very fast.

　　 1 swim　　　　　　　**2** swims

　　 3 swam　　　　　　　**4** swimming

(14) *A:* Do you like baseball, Mike?

　　 B: Yes, Karen.　But my brother (　　　).

　　 1 isn't　　　**2** don't　　　**3** aren't　　　**4** doesn't

(15) I have two sisters.　I like (　　　) very much.

　　 1 me　　　**2** you　　　**3** them　　　**4** she

(16) *Girl:* Is this your hat, Harry?

　　Boy: (　　　　) Thank you.

　　1 No, I'm not.　　　　**2** Yes, it's mine.

　　3 Yes, I can.　　　　**4** No, you don't.

(17) *Mother:* How many students are in your art
　　　　　　　club?

　　　Girl: Sorry, (　　　　)

　　1 I don't know.

　　2 it's all right.

　　3 I like it.

　　4 it's beautiful.

(18) *Boy:* When do you study English?

　　Girl: (　　　　)

　　1 With my friends.

　　2 For two hours.

　　3 By bus.

　　4 Before school.

(19)   *Boy:* I'm going to school now, Mom.
Mother: See you, Tetsu. (   )
1 Have some rice.
2 It's not here.
3 Have a good time.
4 It's for you.

(20) *Girl:* Do you like my new T-shirt, Steve?
   Boy: Yes, (   )
1 I often go there.
2 it's cute.
3 I'm here.
4 it's by the store.

3 次の(21)から(25)までの日本文の意味を表すように①から④までを並べかえて □ の中に入れなさい。そして，1番目と3番目にくるものの最も適切な組合せを1, 2, 3, 4の中から一つ選び，その番号のマーク欄をぬりつぶしなさい。※ただし，（ ）の中では，文のはじめにくる語も小文字になっています。

(21) あなたは，放課後何時に家に帰りますか。

(① go　② what time　③ do　④ you)

1番目 □ 3番目 □ □ home after school?

1 ③ - ①　　**2** ③ - ④　　**3** ② - ③　　**4** ② - ④

(22) 居間で宿題をやりましょう。

(① homework　② our　③ in　④ do)

Let's 1番目 □ □ 3番目 □ □ the living room.

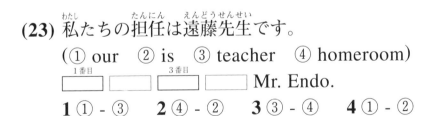

1 ③ - ①　　**2** ④ - ①　　**3** ① - ②　　**4** ② - ④

(23) 私たちの担任は遠藤先生です。

(① our　② is　③ teacher　④ homeroom)

1番目 □ □ 3番目 □ □ Mr. Endo.

1 ① - ③　　**2** ④ - ②　　**3** ③ - ④　　**4** ① - ②

(24) ビルとトムは仲^{なか}よしです。

(① good   ② Tom   ③ are   ④ and)

Bill [　1番目　] [　　　] [　3番目　] [　　　] friends.

1 ④ - ③   **2** ③ - ④   **3** ② - ③   **4** ① - ④

(25) ジェーンは毎朝^{まいあさ}7時^じに起^おきます。

(① up   ② gets   ③ seven   ④ at)

Jane [　1番目　] [　　　] [　3番目　] [　　　] every morning.

1 ① - ②   **2** ③ - ②   **3** ② - ④   **4** ④ - ①

■ リスニング ■

5級リスニングテストについて

1 このテストには，第1部から第3部まであります。
 ☆英文は二度放送されます。
 第1部：イラストを参考にしながら英文と応答を聞き，最も適
 切な応答を1, 2, 3の中から一つ選びなさい。
 第2部：対話と質問を聞き，その答えとして最も適切なものを1,
 2, 3, 4の中から一つ選びなさい。
 第3部：三つの英文を聞き，その中から絵の内容を最もよく表
 しているものを一つ選びなさい。
2 No. 25のあと，10秒すると試験終了の合図がありますので，筆
 記用具を置いてください。

▓▓▓ 第1部 ▓▓▓▓▓▓▓▓▓ 🔊 ▶MP3 ▶アプリ ▶CD2 **57**〜**67**

〔例題〕

No. 1

No. 2

No. 3

No. 4

No. 5

No. 6

No. 7

No. 8

No. 9

No. 10

No. 11

1 $8.
2 $18.
3 $28.
4 $80.

No. 12

1 Writing an e-mail.
2 Reading an e-mail.
3 Writing a book.
4 Reading a book.

No. 13

1 At the park.
2 At home.
3 At Tim's house.
4 At school.

No. 14

1 A cat.
2 A dog.
3 A fish.
4 A bird.

No. 15

1 At 6:00.
2 At 6:20.
3 At 7:00.
4 At 7:20.

No. 16

No. 17

No. 18

No. 19

No. 20

No. 21

21年度第3回　リスニング

No. 22

No. 23

No. 24

No. 25

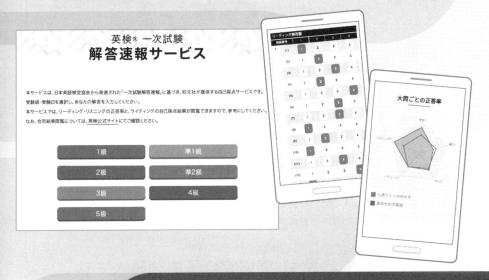

旺文社の英検®書

☆ 一発合格したいなら「全問＋パス単」！

旺文社が自信を持っておすすめする王道の組み合わせです。

 過去問集 過去問で出題傾向をしっかりつかむ！
☆ 英検®過去6回全問題集 1〜5級
[音声アプリ対応] [音声ダウンロード] [別売CDあり]

 単熟語集 過去問を徹底分析した「でる順」！
☆ 英検®でる順パス単 1〜5級
[音声アプリ対応] [音声ダウンロード]

模試 本番形式の予想問題で総仕上げ！
7日間完成 英検®予想問題ドリル 1〜5級
[CD付] [音声アプリ対応]

参考書 申し込みから面接まで英検のすべてがわかる！
英検®総合対策教本 1〜5級
[CD付]

問題集 大問ごとに一次試験を集中攻略！
DAILY英検®集中ゼミ 1〜5級
[音声アプリ対応] [音声ダウンロード]

 二次対策 動画で面接をリアルに体験！
英検®二次試験・面接完全予想問題 1〜3級
[DVD＋CD付] [音声アプリ対応]

このほかにも多数のラインナップを揃えております。

 旺文社の英検®合格ナビゲーター
https://eiken.obunsha.co.jp/
英検合格を目指す方のためのウェブサイト。
試験情報や級別学習法，おすすめの英検書を紹介しています。

※英検®は，公益財団法人 日本英語検定協会の登録商標です。

株式会社 旺文社 〒162-8680 東京都新宿区横寺町55
https://www.obunsha.co.jp/

Obunsha

2024年度版

文部科学省後援

英検®
5級
過去6回
全問題集

別冊解答

英検®は、公益財団法人 日本英語検定協会の登録商標です。

旺文社

2024年度版

文部科学省後援

英検®

5級

過去6回
全問題集

別冊解答

旺文社

もくじ

Contents

2023年度　第2回検定　解答・解説……………5

第1回検定　解答・解説…………23

2022年度　第3回検定　解答・解説………41

第2回検定　解答・解説…………59

第1回検定　解答・解説…………77

2021年度　第3回検定　解答・解説…………95

2023-2

筆記解答・解説　　　　P6〜13

リスニング解答・解説　P13〜22

解答一覧

筆記

1

(1)	2	(6)	4	(11)	2
(2)	1	(7)	2	(12)	1
(3)	4	(8)	4	(13)	1
(4)	3	(9)	2	(14)	2
(5)	1	(10)	3	(15)	4

2

(16)	2	(18)	3	(20)	4
(17)	3	(19)	1		

3

(21)	2	(23)	4	(25)	1
(22)	1	(24)	3		

リスニング

第1部

No. 1	1	No. 5	3	No. 9	1
No. 2	2	No. 6	2	No. 10	3
No. 3	2	No. 7	2		
No. 4	2	No. 8	3		

第2部

No. 11	3	No. 13	2	No. 15	2
No. 12	2	No. 14	1		

第3部

No. 16	2	No. 20	3	No. 24	1
No. 17	3	No. 21	2	No. 25	1
No. 18	2	No. 22	1		
No. 19	3	No. 23	3		

(1) 解答 ②

訳 A:「アリスはペットを飼っていますか」

B:「はい。彼女は3匹の犬を飼っています」

1 ビデオ　**2** ペット　**3** 歌　**4** クラス

解説 選択肢はすべて名詞の複数形です。B が She has three dogs. と言っていて，空所には「犬」と関連のある語が入ると考えられるので，**2** の pets「ペット」が適切です。

(2) 解答 ①

訳 A:「見て！　あの猫はとても小さいわ」

B:「そうだね。それはとてもかわいいね」

1 小さい　**2** 雨の　**3** 高い　**4** くもった

解説 cat「猫」が話題になっていて，猫の様子を表す語としてふさわしいのは **1** の small「小さい」です。rainy「雨の」と cloudy「くもった」は天候を表す語です。

(3) 解答 ④

訳 「ケンジはとてもじょうずに英語を話せます。彼は英語がとても好きです」

1 〜が見える　　　　　**2** 〜を食べる

3 住む　　　　　　　　**4** 〜を話す

解説 〈can+動詞の原形〉で「〜できる」を意味します。空所の直後にある English「英語」と自然に結びつく動詞を考えると，**4** の speak「〜を話す」が適切だとわかります。

(4) 解答 ③

訳 A:「あなたは何色が好きですか」

B:「私は緑が好きです」

1 年　　**2** 歌　　**3** 色　　**4** 映画

解説 B は I like green.「私は緑が好きだ」と「色」を答えています。したがって A は「色」をたずねているとわかるの

で，**3** の color が正解です。

(5)　解答 ①

訳　A：「ヒロシ，あなたはどの季節が好きですか」

B：「ぼくは春が好きです。ぼくたちは4月に新しい友だちに会えます」

1　～に会う　　　　　**2**　行く

3　～を閉じる　　　　**4**　～を料理する

解説　選択肢には動詞が並んでいます。空所の後ろにある new friends「新しい友だち」と結びつく動詞を考えましょう。「～に会う」を意味する**1**の meet が適切です。

(6)　解答 ④

訳　A：「みなさん，教科書の35ページを開きなさい」

B：「わかりました，ブラウン先生」

1　リンゴ　**2**　電車　**3**　木　**4**　教科書

解説　open「～を開く」や page「ページ」と関連のある語を考えると，空所には**4**の textbooks「教科書」（複数形）が入るとわかります。Open your textbooks to page ～.「教科書の～ページを開きなさい」という表現をまるごと覚えておきましょう。

(7)　解答 ②

訳　A：「リンダはとてもじょうずに踊りますか」

B：「はい。彼女は毎週月曜日と火曜日にレッスンを受けています」

1　～を作る　　　　　**2**　踊る

3　～がほしい　　　　**4**　～を開く

解説　dance は「ダンス」の意味の名詞としても使いますが，ここでは「踊る」の意味の動詞です。空所に dance を入れると，Bの「レッスンを受けている」という発言に自然につながります。

(8)　解答 ④

訳　「私は毎週日曜日に図書館で午前9時30分から午前11時30分

7

まで勉強します」

1 〜の

2 〜といっしょに

3 〜の下に

4 (from 〜 to ... で) 〜から…まで

解説 9:30 a.m. と 11:30 a.m. という2つの時刻の間にある to に注目します。from 〜 to ... で「〜から…まで」を表し、この文のように時間に使うほか、from Tokyo to Osaka「東京から大阪まで」のように場所にも使います。

(9) 解答 ②

訳 A：「私はこのノートがほしいです。それはいくらですか」

B：「100円です」

1 年とった

2 (How much 〜? で) 〜はいくらですか。

3 長い

4 たくさんの

解説 B は金額を答えているので、A はノートの値段をたずねていると考えられます。「〜はいくらですか」と値段をたずねるには How much 〜? という表現を使います。

(10) 解答 ③

訳 「私の父は朝に、いつも朝食に卵を食べます」

1 〜の上に

2 〜のそばに

3 (in the morning で) 朝[午前中]に

4 〜の

解説 morning は in the morning という形で「朝に、午前中に」を表します。in the afternoon は「午後に」、in the evening は「夕方に」の意味です。「夜に」は at night という形で表すので注意しましょう。

(11) 解答 ②

訳 A：「君はあそこにいる男の子を知っているかい、ジェーン？」

B：「ええ，ケン。あれは私の兄[弟]よ」

1 あれ   **2** （over there で）あそこに

3 〜もまた   **4** そのとき

解説 空所の前にある over に注目しましょう。over there で「あそこに」という意味になり，この文では the boy over there で「あそこにいる男の子」を表しています。

(12) 解答 **1**

訳 「ヒロシはいつも午後9時に寝て午前6時に起きます」

1 （go to bed で）寝る   **2** 遊ぶ

3 〜をする   **4** すわる

解説 主語が Hiroshi なので，選択肢の動詞には (e)s が付いています。空所の後ろにある to bed と結びつく動詞は go で，go to bed で「寝る」を意味します。文の後半に出てくる get up「起きる」とあわせて覚えておきましょう。

(13) 解答 **1**

訳 A：「カナコ，あなたは野球ファンですか」

B：「はい，そうです」

解説 A は are you 〜? という形で「あなたは〜ですか」と質問しています。この形の質問には Yes, I am.. または No, I'm not. と答えます。

(14) 解答 **2**

訳 A：「この写真の女の子たちはだれなの，ジャック？」

B：「彼女たちはぼくの姉妹だよ」

1 彼女は   **2** 彼女たち[彼ら，それら]は

3 彼は   **4** 私は

解説 空所に入る代名詞は，A の発言にある the girls in this picture「この写真の女の子たち（＝複数の女性)」をさしています。選択肢の中でこれにあてはまるのは **2** の They です。

(15) 解答 **4**

訳 A：「私のペンを見つけられません。ジュリア，あなたのものを

使ってもいいですか」

B：「いいですよ」

1 あなた（たち）は，あなた（たち）を

2 あなた（たち）の

3 私たちの

4 あなた（たち）のもの

解説 正解の yours は「あなた（たち）のもの」という意味で，ここでは your pen「あなたのペン」をさしています。「～のもの」を表す語（mine「私のもの」，hers「彼女のもの」など）をまとめてチェックしておきましょう。

| 筆 記 | **2** | 問題編 P21～22 |

(16) 解答 **2**

訳 男の子1：「お母さんはどこにいるの，アーサー？」

男の子2：「店にだよ。彼女は夕食のためにくだものを買っているんだ」

1 彼女はすてきだよ。 　　**2** 店にだよ。

3 週末にだよ。 　　**4** 彼女はたくさん持っているよ。

解説 Where's は Where is の短縮形です。Where「どこに」を使って場所をたずねているので，At the store.「店に」と場所を答えている **2** が適切な応答です。

(17) 解答 **3**

訳 先生：「窓を開けてください，チャーリー。暑いです」

男の子：「わかりました，カーター先生」

1 日曜日です。 　　**2** 学校へです。

3 暑いです。 　　**4** 家でです。

解説 「窓を開ける」の理由になる選択肢を考えると，**3** の It's hot.「暑いです」が適切です。この It は天候や日付などを言うときの文の主語に使うもので，日本語には訳しません。

(18) 解答 **3**

訳 女の子：「このかさはすてきね。それはだれのものなの？」
男の子：「それはぼくの父のだよ」
1　あなたはどうやってそれを作るの？
2　あなたはよくそれを使うの？
3　それはだれのものなの？
4　どちらが私のものなの？

解説 umbrella「かさ」が話題になっています。男の子が It's my father's.「それはぼくの父のだ」と答えていることから，女の子は「だれのものなのか」とたずねていると判断できます。

(19) 解答 **1**

訳 女の子1：「シンディ，ここで何枚か写真を撮りましょう」
女の子2：「それはいい考えね。この庭園はとても美しいわ」
1　それはいい考えね。　　2　あなたは背が高いわ。
3　それは私のものよ。　　4　この本はすばらしいわ。

解説 〈let's＋動詞の原形〉は「～しましょう」と提案する言い方です。1の That's a good idea. は相手の言ったことに賛成する表現で，女の子1の提案に対する適切な応答です。

(20) 解答 **4**

訳 女の子：「ジュースを飲んでもいい？」
父親：「もちろん。台所にあるよ」
1　いいえ，けっこうだよ。　　2　ぼくは魚が好きだよ。
3　うん，ぼくはできるよ。　　4　もちろん。

解説 Can I ～?「～してもいい？」という質問には Yes か No で答えるのが基本です。しかし，1の No, thanks. も 3 の Yes, I can. も適切な応答ではないので注意しましょう。Yes. のかわりに Of course.「もちろん」と言っている **4** が正解です。

(21) 解答 ②

正しい語順　I (have a lot of friends) in Singapore.

解　説　〈主語＋動詞〉という基本の語順に従い，主語 I の次に動詞 have を置きます。「たくさんの～」は a lot of ～ という形で表せます。よく出題されるので覚えておきましょう。

(22) 解答 ①

正しい語順　This flower (is a present for Tom).

解　説　主語の This flower の次に，「～です」にあたる be 動詞の is を入れます。「トムへの」は for Tom で表せるので，「トムへのプレゼント」は a present for Tom となります。

(23) 解答 ④

正しい語順　Bill (and I go skiing) in winter.

解　説　Bill の後に and I を入れ，「ビルと私は」という主語を作ります。そして「スキーに行きます」に相当する go skiing を続けます。〈go＋～ing〉は「～しに行く」を表す言い方です。

(24) 解答 ③

正しい語順　James, when (does your father read the newspaper)?

解　説　疑問文なので，主語の your father「あなたのお父さん」の前に does を置くことに注意しましょう。「新聞を読む」は〈read「～を読む」＋the newspaper「新聞」〉という語順になります。

(25) 解答 ①

正しい語順　Mike (is listening to music) now.

解　説　「～しています」という進行形は〈be 動詞＋～ing〉で表します。また，「～を聞く」は listen to ～ で表せます。この2つの表現を組み合わせて，「～を聞いています」を is listening to 〜 という語順で表すことがポイントです。

| リスニング | 第**1**部 | 問題編 P25〜27 | 🔊 ▶MP3 ▶アプリ ▶CD 1 **1**〜**11** |

〔例題〕 解答 **3**

放送文
Is this your bag?
1 Sure, I can.　**2** On the chair.
3 Yes, it is.

放送文の訳
「これはあなたのかばんですか」
1 ええ，ぼくはできます。　**2** いすの上に。
3 はい，そうです。

No. 1　解答 **1**

放送文
What are you doing?
1 My homework.　**2** With my friend.
3 It's me.

放送文の訳
「君は何をしているの？」
1 私の宿題よ。　**2** 私の友だちといっしょによ。
3 それは私よ。

解説
男の子の発言は What「何」を使った疑問文です。男の子は「何をしているのか」とたずねているので，「していること」を述べている **1** が適切な応答です。

No. 2　解答 **2**

放送文
Which sandwich is yours?
1 Apple juice, please.
2 The ham sandwich is mine.
3 It's good.

放送文の訳
「どちらのサンドイッチが君のものなの？」
1 リンゴジュースをお願いします。
2 ハムサンドイッチが私のものよ。
3 それはいいわね。

解説 男の子が Which sandwich「どちらのサンドイッチ」とたずねていることをしっかりと押さえましょう。**1**と**3**は不適切な応答だとわかります。The ham sandwich と言っている **2** が適切です。

No.3　解答 ❷

放送文 How much is this chair?
1 Under the desk.　　**2** It's $20.
3 Please sit down.

放送文の訳 「このいすはいくらですか」
1 机の下にです。　　**2** 20ドルです。
3 どうぞすわってください。

解説 How much ～?「～はいくらですか」は値段をたずねる表現なので，金額を答えている **2** が正解です。**3** に含まれる sit down「すわる」は chair「いす」と関連のある表現ですが，**3** は適切な応答ではないので注意しましょう。

No.4　解答 ❷

放送文 How old is your dog?
1 He likes milk.　　**2** He's 10 years old.
3 He's brown and white.

放送文の訳 「あなたの犬は何歳ですか」
1 彼は牛乳が好きです。　　**2** 彼は10歳です。
3 彼は茶色と白です。

解説 How old ～? は「～は何歳ですか」と年齢をたずねる表現なので，数字を使って年齢を答えている **2** が正解です。「～歳」という年齢は〈数字＋year(s) old〉で表します。

No.5　解答 ❸

放送文 Who is playing the piano?
1 At home.　　**2** Yes, he is.
3 My classmate.

放送文の訳 「だれがピアノを弾いているの？」

1 家でよ。　　　　　　　　**2** ええ，彼はそうよ。

3 私のクラスメートよ。

解説 質問の文頭の Who「だれ」を正確に聞き取ることが重要です。「だれ」という質問には「人」を答えるのが適切なので，My classmate.「私のクラスメート」と答えている **3** が正解です。

No.6　解答 **2**

放送文 I can speak Spanish well.

1 It's my radio.　　　　**2** I can, too.

3 By plane.

放送文の訳 「ぼくはスペイン語をじょうずに話せるよ」

1 それは私のラジオよ。　　**2** 私も話せるわ。

3 飛行機でよ。

解説 男の子は I can ～.「ぼくは～できる」と言っています。これに対して適切な応答になるのは **2** の I can, too.「私もできる」です。too は「～もまた」の意味で，**2** は I can speak Spanish well, too.「私もスペイン語をじょうずに話せる」を短くしたものです。

No.7　解答 **2**

放送文 What do you do on weekends?

1 With my family.　　**2** I play tennis.

3 I like it.

放送文の訳 「君は毎週末に何をするの？」

1 私の家族とよ。　　　　　　　**2** 私はテニスをするわ。

3 私はそれが好きよ。

解説 on weekends は「毎週末に」という意味です。男性は What を使って「何をするのか」とたずねているので，**2** の I play tennis.「私はテニスをする」が適切な応答です。

No.8　解答 **3**

放送文 Is the curry hot, James?

1 Yes, I do.　　　　**2** No, thanks.

3 Yes, a little.

放送文の訳

「カレーはからい, ジェームズ?」

1 うん, ぼくはそうだよ。　**2** いや, けっこうだよ。

3 うん, 少し。

解説

Is the curry ～? という質問に対して, **1**のように I を使って Yes, I do. と答えるのは不適切です。また, **2**の No, thanks.「いいえ, けっこうです」は相手の申し出などを断るときの言い方で, この場面に合いません。a little「少し」という表現を使って「少しからい」と伝えている **3** が適切です。

No.9 解答 **1**

放送文

I walk to the beach every evening.

1 That's nice.　　　**2** By train.

3 It's sunny.

放送文の訳

「ぼくは毎日夕方に浜辺まで歩くんだ」

1 それはいいわね。　　　**2** 電車でよ。

3 晴れているわ。

解説

男の子の発言を受けて, That's nice.「それはいい[すてきだ]」と感想を述べている **1** が適切な応答です。**2**の By train.「電車で」は交通手段を表す言い方, **3**の It's sunny.「晴れている」は天気を表す言い方です。

No.10 解答 **3**

放送文

Where does your uncle live?

1 Sometimes.　　　**2** Forty years old.

3 In Osaka.

放送文の訳

「あなたのおじさんはどこに住んでいるの?」

1 ときどきだよ。　　　**2** 40歳だよ。

3 大阪にだよ。

解説

女の子の質問の文頭の Where「どこに」を聞き取ることがカギになります。「どこに住んでいるか」という質問なので, 住んでいる「場所」を答えている **3** が正解です。文頭の語

リスニング | **第2部** | 問題編 P28 | ▶MP3 ▶アプリ ▶CD 1 **12**〜**17**

No.11 解答 **3**

（放送文） ☆：I eat toast for breakfast. How about you, Chris?

★：I don't like toast. I eat rice every morning.

Question: What does Chris eat for breakfast?

放送文の訳 ☆：「私は朝食にトーストを食べるわ。あなたはどう，クリス？」

★：「ぼくはトーストが好きではないんだ。ぼくは毎朝ごはんを食べるよ」

質問の訳 「クリスは朝食に何を食べますか」

選択肢の訳 **1** 卵。　　**2** トースト。**3** ごはん。　**4** パンケーキ。

解説 for breakfast は「朝食に」という意味です。男の子（＝クリス）は I eat rice every morning. と言っているので，**3** が正解だとわかります。**2** の Toast. は女の子が朝食に食べるものです。

No.12 解答 **2**

（放送文） ★：Can I have the butter, please?

☆：Yes, here you are.

Question: What does the boy want?

放送文の訳 ★：「バターをもらえる？」

☆：「いいわよ，はい，どうぞ」

質問の訳 「男の子は何をほしがっていますか」

選択肢の訳 **1** 牛乳。　　　　　　　　　**2** バター。
3 熱い飲み物。　　　　　　**4** パン。

解説 Can I have 〜? は「〜をもらってもいいですか，〜をもらえますか」という意味で，男の子は the butter をもらいたがっているとわかります。女性の発言にある here you are「はい，どうぞ」は物を手渡すときの表現です。

No. 13 解答 ②

放送文　☆：Dad, I can't find my schoolbag. It's not in my bedroom.

★：It's in the kitchen.

Question: Where is the girl's schoolbag?

放送文の訳　☆：「お父さん，私の通学用かばんが見つからないの。私の寝室にないのよ」

★：「それは台所にあるよ」

質問の訳　「女の子の通学用かばんはどこにありますか」

選択肢の訳　**1** 彼女の寝室に。　　　　**2** 台所に。
3 学校に。　　　　　　**4** 彼女の友だちの家に。

解　説　　Where「どこに」を使った質問です。schoolbag「通学用かばん」について女の子は It's not in my bedroom. と言っているので，1は不正解です。父親が It's in the kitchen. と言っていることから，2が正解だとわかります。schoolbag から連想して3の At school. を選ばないようにしましょう。

No. 14 解答 ①

放送文　☆：I have a blue notebook.

★：Mine is green, and my brother has a yellow one.

Question: Who has a blue notebook?

放送文の訳　☆：「私は青いノートを持っているわ」

★：「ぼくのものは緑で，ぼくの兄[弟]は黄色のものを持っているよ」

質問の訳　「だれが青いノートを持っていますか」

選択肢の訳　**1** 女の子。　　　　　　**2** 男の子。
3 女の子の兄[弟]。　　　**4** 男の子の兄[弟]。

解　説　　男の子の発言にある a yellow one は a yellow notebook の意味です。質問は「だれが a blue notebook を持っているか」なので，2回目の放送は特に blue という語に注意しながら聞きましょう。女の子の発言の I have a blue notebook. から正解がわかります。

No. 15 解答 ②

放送文 ★：When do you eat dinner?

☆：I usually eat dinner at 6:30.

Question: When does the girl usually eat dinner?

放送文の訳 ★：「君はいつ夕食を食べるの？」

☆：「私はたいてい6時30分に夕食を食べるわ」

質問の訳 「女の子はたいていいつ夕食を食べますか」

選択肢の訳
1 6時に。　　　　　　2 6時30分に。
3 7時に。　　　　　　4 7時30分に。

解 説 時刻を聞き取る問題です。女の子は6:30（＝six thirty）と言っているので2が正解です。数字について復習し、時刻を正確に聞き取る練習をしておきましょう。

リスニング 第3部 | 問題編 P29～30

▶MP3 ▶アプリ
▶CD1 18～28

No. 16 解答 ②

放送文
1 Ayako is putting a clock on the bed.

2 Ayako is putting a clock on the wall.

3 Ayako is putting a clock on the chair.

放送文の訳
1 アヤコはベッドに時計を置いています。

2 アヤコは壁に時計を掛けています。

3 アヤコはいすに時計を置いています。

解 説 3つの英文は bed「ベッド」，wall「壁」，chair「いす」だけが異なります。異なる部分を集中して聞き取りましょう。女の子は壁に時計を掛けているので，2が正解です。部屋に関連する語はほかに floor「床」も覚えておきましょう。

No. 17 解答 ③

放送文
1 Jane has many trains.

2 Jane has many albums.

3 Jane has many animals.

19

1 ジェーンはたくさんの電車を持っています。

2 ジェーンはたくさんのアルバムを持っています。

3 ジェーンはたくさんの動物を飼っています。

絵には馬や牛などが描かれていて，これらをまとめて animals「動物」（複数形）と表現している **3** が正解です。**2** に含まれる albums「アルバム」（複数形）と animals を混同しないように注意しましょう。

No.18 解答 ②

1 It's five forty-five in the morning.

2 It's five fifty in the morning.

3 It's five fifty-five in the morning.

1 午前5時45分です。

2 午前5時50分です。

3 午前5時55分です。

時刻の 5:50 は five fifty と読むので，**2** が正解です。絵に時刻が示されていたら，「〜時」と「〜分」を表す数字に注意して放送を聞くようにします。**1** の forty-five「45」や **3** の fifty-five「55」も正確に聞き取る必要があるので，2けたの数字の言い方を復習しておきましょう。

No.19 解答 ③

1 Ms. Foster is at a department store.

2 Ms. Foster is at a post office.

3 Ms. Foster is at an airport.

1 フォスターさんはデパートにいます。

2 フォスターさんは郵便局にいます。

3 フォスターさんは空港にいます。

女性はキャリーケースを引いていて，背景に飛行機が描かれていることから，airport「空港」にいると考えられます。したがって **3** が正解です。場所・建物を表す語は museum「博物館，美術館」，library「図書館」，station「駅」なども重要です。

No.20 解答 ③

放送文
1 The pens are in the pencil case.
2 The pens are on the pencil case.
3 The pens are by the pencil case.

放送文の訳
1 ペンは筆箱の中にあります。
2 ペンは筆箱の上にあります。
3 ペンは筆箱のそばにあります。

解説
場所を表す前置詞を聞き取る問題です。ペンは筆箱の「中」や「上」ではなく「そば」にあるので，by「～のそばに」と言っている3が正解です。ほかに under「～の下に」も覚えておきましょう。

No.21 解答 ②

放送文
1 Sayaka can swim well.
2 Sayaka can dance well.
3 Sayaka can draw well.

放送文の訳
1 サヤカはじょうずに泳げます。
2 サヤカはじょうずに踊れます。
3 サヤカはじょうずに絵を描けます。

解説
3つの英文の can の後ろにある動詞をしっかりと聞き分けましょう。3の draw は「（鉛筆などで）絵を描く」という意味ですが，draw の意味がわからなかったとしても，2の dance「踊る」が正確に聞き取れれば正解を選べます。

No.22 解答 ①

放送文
1 Harry and Jill are looking at a kangaroo.
2 Harry and Jill are looking at a rabbit.
3 Harry and Jill are looking at a lion.

放送文の訳
1 ハリーとジルはカンガルーを見ています。
2 ハリーとジルはウサギを見ています。
3 ハリーとジルはライオンを見ています。

解説
Harry and Jill（男の子と女の子の名前）が聞き取れなくても大丈夫です。3つの英文の異なる部分を集中して聞き取り

ましょう。rabbit は「ウサギ」，lion は「ライオン」です。

No. 23 解答 ③

放送文
1 Christina is washing her car.
2 Christina is washing her dog.
3 Christina is washing her hair.

放送文の訳
1 クリスティーナは彼女の車を洗っています。
2 クリスティーナは彼女の犬を洗っています。
3 クリスティーナは彼女の髪を洗っています。

解説 is washing は「〜を洗っている」という意味です。1に含まれる car「車」や2に含まれる dog「犬」は絵に描かれていません。女の子は hair「髪」を洗っているので，3が正解です。

No. 24 解答 ①

放送文
1 Rebecca has a fish.　2 Rebecca has a bird.
3 Rebecca has a horse.

放送文の訳
1 レベッカは魚を飼っています。
2 レベッカは鳥を飼っています。
3 レベッカは馬を飼っています。

解説 動物名を聞き取る問題です。絵には魚が描かれているので，fish と言っている1が正解です。動物名は sheep「羊」や pig「ブタ」なども覚えておきましょう。

No. 25 解答 ①

放送文
1 The cat is jumping.　2 The cat is drinking.
3 The cat is sleeping.

放送文の訳
1 猫はとび上がっています。 2 猫は飲んでいます。
3 猫は眠っています。

解説 3つの英文の動詞は〜ing 形になっていて，原形は jump「とび上がる」，drink「飲む」，sleep「眠る」です。絵では猫がボールに飛びつくところが描かれていて，この様子を表しているのは jump を使った1です。

2023-1

筆記解答・解説 P24〜31

リスニング解答・解説 P31〜40

解答一覧

筆記

1
(1) 2	(6) 1	(11) 1
(2) 3	(7) 3	(12) 2
(3) 1	(8) 4	(13) 3
(4) 1	(9) 3	(14) 2
(5) 2	(10) 1	(15) 1

2
(16) 4	(18) 3	(20) 3
(17) 1	(19) 1	

3
(21) 4	(23) 2	(25) 4
(22) 3	(24) 1	

リスニング

第1部
No. 1 3	No. 5 1	No. 9 3
No. 2 2	No. 6 3	No. 10 2
No. 3 1	No. 7 3	
No. 4 1	No. 8 2	

第2部
No. 11 3	No. 13 2	No. 15 2
No. 12 1	No. 14 4	

第3部
No. 16 2	No. 20 2	No. 24 3
No. 17 1	No. 21 3	No. 25 1
No. 18 3	No. 22 2	
No. 19 2	No. 23 3	

(1) 解答 ❷

訳 A：「あなたの名前と電話番号をここに書いてください」

B：「わかりました」

1 鳥 　　**2** 名前 　　**3** ドア 　　**4** 腕時計

解説 write「〜を書く」と結びつく語を考えましょう。**2**のname「名前」が適切です。your name and telephone number「あなたの名前と電話番号」という組み合わせも自然です。

(2) 解答 ❸

訳 A：「キョウコ，あなたは学校で理科と数学のどちらの科目が好きですか」

B：「数学です」

1 チーム 　　**2** 窓 　　**3** 科目 　　**4** 場所

解説 Aは「どちらの（　）が好きですか」とたずねていて，最後の部分にscience「理科」とmath「数学」という科目名があります。したがって空所には**3**のsubject「科目」が入ります。

(3) 解答 ❶

訳 A：「新しいケーキの店に行きましょう，ティナ」

B：「それはいい考えですね」

1 店 　　**2** 自転車 　　**3** 卵 　　**4** いす

解説 go to 〜「〜に行く」という形の文なので，空所には「場所」を表す語が入ると考えられます。**1**のshop「店」が場所を表し，cake shopで「ケーキの店，ケーキ屋」の意味になります。

(4) 解答 ❶

訳 「生徒たちはブラウン先生の英語の授業でよくゲームをします」

1 ゲーム 　　**2** 電話 　　**3** 時計 　　**4** カメラ

解説　選択肢はすべて複数形の名詞です。動詞 play にはいくつかの意味がありますが、空所に **1** の games「ゲーム」を入れると「ゲームをする」の意味になります。play tennis「テニスをする」なども覚えておきましょう。

(5)　解答 2

訳　「アリスは朝食にトーストを食べます」
1 新聞　　**2** 朝食　　**3** 音楽　　**4** 雪

解説　「トーストを食べる」という内容から、空所には **2** の breakfast「朝食」が入ると判断できます。for breakfast で「朝食に」の意味です。lunch「昼食」や dinner「夕食」もよく出題されます。

(6)　解答 1

訳　「ジェシカは彼女の生まれ故郷のサッカーチームの大ファンです」
1 ファン　　**2** テーブル　　**3** 山　　**4** 箱

解説　空所の後の of 以下は「彼女の生まれ故郷のサッカーチームの」という意味です。この内容から空所には **1** の fan「ファン」を入れるのが自然です。big fan で「大ファン」を意味します。

(7)　解答 3

訳　「あの赤い魚を見て。とても速く泳いでいるね」
1 ボール　　**2** 花　　**3** 魚　　**4** 川

解説　2文目の It's は It is の短縮形で、It は1文目の that red（　）「あの赤い（　）」をさしています。また、is swimming は「泳いでいる」という意味です。これらの内容から、空所には **3** の fish「魚」が入るとわかります。

(8)　解答 4

訳　A：「じゃあね、ブレンダ。よい1日を」
　　B：「ありがとう」
1 〜を食べる
2 行く
3 来る

4 （Have a nice day. で）よい1日を。

解説 A は Bye「じゃあね，さよなら」と言っているので，別れのあいさつをしているとわかります。**Have a nice day.** は「よい1日を」の意味で，別れるときに使う表現です。

(9) 解答 **3**

訳 A：「あなたはイングランドの出身ですか，ケイティー」
B：「そのとおりです。私はロンドンの出身です」
1 元気で
2 小さい
3 （That's right. で）そのとおりです。
4 幸福な

解説 **3** の right は「正しい」という意味です。**That's right.** は「それは正しい」ということで，相手の発言に対して「そうです，そのとおりです」を意味する応答として使います。

(10) 解答 **1**

訳 「ケリーはよく彼女の将来の夢について話します」
1 （talk about ～ で）～について話す
2 ～のそばに
3 ～から
4 ～の下に

解説 主語が Kelly なので，動詞の talk「話す」に s が付いています。talk と適切に結びつく前置詞は **1** の about で，talk about ～ で「～について話す」の意味になります。

(11) 解答 **1**

訳 「ヨシコはときどき夜に宿題をします」
1 （at night で）夜に　　**2** 離れて
3 ～のために　　**4** ～へ

解説 空所の後にある night「夜」と結びつくのは at です。at night という形でまとめて覚えておきましょう。なお，morning, afternoon, evening は in the morning「朝［午前］に」のように in と結びつき，the を付けます。

26

(12) 解答 ②

訳 「メグミは 13 歳です。彼女は中学生です」

1 くだもの　　　　　　　　**2**（〜 year(s) old で）〜歳
3 手　　　　　　　　　　　**4** 女の子

解説 空所の前に 13 という数字があること，そして空所の後に old があることに注目します。〈数字＋year(s) old〉で「〜歳」と年齢を表す言い方になります。

(13) 解答 ③

訳 A：「お父さん，私を手伝って。今日の宿題はとても難しいの」
B：「いいよ」

1 私は　　**2** 私の　　**3** 私を[に]　　**4** 私のもの

解説 空所の前に動詞の help「〜を手伝う」があることに注目すると，空所に入るのは **3** の me だと判断できます。you や he などの代名詞の変化形と使い方を必ず覚えておきましょう。

(14) 解答 ②

訳 A：「キャシー，あなたは何をしているのですか」
B：「私は友だちに手紙を書いています」

1 だれの（もの）　　　　**2** 何
3 いつ　　　　　　　　　**4** だれ

解説 疑問詞の問題です。B は自分がしていることを答えているので，A は「何をしているのか」とたずねていると判断できます。各選択肢の語と where「どこに[へ]，どこで」，why「なぜ」，how「どうやって」，which「どちら，どちらの」を復習しておきましょう。

(15) 解答 ①

訳 「私の姉[妹]と私は毎週日曜日に夕食を料理します」

解説 cook「〜を料理する」の正しい形を選ぶ問題です。この文の主語は My sister and I（＝2 人）です。このように主語が複数（＝2 人[2つ]以上）の場合，動詞には何も付けず，cook のままにします。

(16) 解答 **4**

訳
先生：「君はたいていどこで野球をするの，ジャック？」
男の子：「ぼくの家の近くでです，パーカー先生」

1 朝[午前中]にです，　　**2** さようなら，
3 あなたはここにいます，　**4** ぼくの家の近くでです，

解説
先生の質問は Where「どこで」で始まっています。したがって「ぼくの家の近くで」と「場所」を答えている **4** が正解です。**3** も場所を表す here「ここに」が使われていますが，質問の内容とかみ合いません。

(17) 解答 **1**

訳
女の子：「お母さん，ショッピングモールに行こうよ」
母親：「私は今，いそがしいの。今日の午後はどう？」
女の子：「いいわよ」

1 今日の午後はどう？
2 それはあなたのかばんなの？
3 あなたはどの色が好きなの？
4 だれがあなたといっしょに行けるの？

解説
How about 〜? は「〜はどうですか」と提案したり意見をたずねたりするときに使う表現です。空所に **1** の How about this afternoon?「今日の午後はどう？」を入れると，女の子の OK. という返答に自然につながります。

(18) 解答 **3**

訳
父親：「あそこにいるあの男の子たちを知っているかい，フレッド？」
男の子：「うん，お父さん。彼らはぼくの友だちだよ」

1 ぼくたちは今，家に帰るところだよ。
2 ぼくは彼らが見えないよ。
3 彼らはぼくの友だちだよ。

4　それは学校のためだよ。

解説　父親の質問に対して男の子は Yes（＝知っている）と答えています。これに続く空所では「その男の子たちがだれなのか」を説明するのが自然なので，**3** が適切です。

(19)　解答　①

訳　女の子：「あなたの辞書を使ってもいい，エディ？」
男の子：「ごめん。ぼくは今，それを使っているところなんだ」

1　ごめん。
2　君は大丈夫だよ。
3　ぼくは 150 センチメートルだよ。
4　それは君のためだよ。

解説　男の子は「今，それ（＝自分の辞書）を使っている」と言っているので，女の子に辞書を貸せない状況だと想像できます。したがって，謝る表現の **1** を空所に入れるのが適切です。

(20)　解答　③

訳　女の子：「お父さん，私の赤ペンが見つからないわ」
父親：「見てごらん。それはテーブルの上にあるよ」

1　それはすてきだね。
2　それには 5 色あるよ。
3　それはテーブルの上にあるよ。
4　昼ごはんの後に行こう。

解説　女の子は赤ペンを探しているので，空所には「赤ペンがある場所」を教えている **3** を入れるのが自然です。red「赤い」から連想して，colors（color「色」の複数形）を含む **2** を選ばないようにしましょう。

(21) 解答 ④

正しい語順 Judy, (how does your sister practice) the piano?

解説 疑問詞の how「どうやって」を最初に置くことに注意しましょう。疑問文なので主語の your sister の前に does を置き，最後に practice「〜を練習する」を入れて文末の the piano とつなげます。

(22) 解答 ③

正しい語順 I always (get up at six) in the morning.

解説 「起きます」を get up で表すことがポイントです。「〜時に」は〈at＋時刻〉という形なので，「6時に」の意味の at six を続けます。

(23) 解答 ②

正しい語順 (We clean our classroom) every day.

解説 〈主語＋動詞〉という基本の形に従い，主語 We で文を始めて動詞 clean「〜を掃除する」を続けます。「教室」は「私たちの教室」と考えて our classroom とし，これを clean の後ろに置きます。

(24) 解答 ①

正しい語順 (Can you close the window), please?

解説 「〜してくれますか」を〈Can you＋動詞の原形〜?〉で表すことがカギになります。「窓を閉める」は〈close「〜を閉める」＋the window「窓」〉という語順にします。

(25) 解答 ④

正しい語順 (Who is walking with) Mr. Suzuki?

解説 「〜と歩いているのはだれですか」を「だれが〜と歩いていますか」と言いかえて英文を組み立てましょう。Who「だれ」で文を始めます。「〜している」という進行形は〈be動詞＋〜ing〉で表すので is walking とします。そして

最後に with を置いて Mr. Suzuki とつなげます。

| リスニング | 第**1**部 | 問題編 P39〜41 | 🔊 | ▶MP3 ▶アプリ
▶CD 1 **29**〜**39** |

〔例題〕　解答 **3**

放送文　Is this your bag?
1　Sure, I can.　　　**2**　On the chair.
3　Yes, it is.

放送文の訳　「これはあなたのかばんですか」
1　ええ，ぼくはできます。　**2**　いすの上に。
3　はい，そうです。

No.1　解答 **3**

放送文　Do you have a cat?
1　Yes, I know.　　　**2**　Thank you.
3　No, but I want one.

放送文の訳　「君は猫を飼っているの？」
1　ええ，私は知っているわ。　2　ありがとう。
3　いいえ，でも私は1匹ほしいわ。

解説　Do you 〜? の形の質問には Yes または No を使って答えます。1は Yes と言っていますが，I know の部分が質問への応答になっていません。3が正解で，one はここでは a cat を意味しています。

No.2　解答 **2**

放送文　What's in the basket, Dad?
1　That's cute.　　　**2**　Some potatoes.
3　It's hot.

放送文の訳　「かごの中に何があるの，お父さん？」
1　それはかわいいね。　　**2**　ジャガイモだよ。
3　それは熱いよ。

解説　What's は What is の短縮形です。女の子は What「何」

を使ってたずねているので，かごの中に入っている「もの」を答えている **2** が正解です。文頭の What's を聞き逃さないようにしましょう。

No.3　解答 ①

放送文 Do you like sports?

1 No, I don't.　　**2** No, it isn't.

3 No, I'm not.

放送文の訳「君はスポーツが好きかい？」

1 いいえ，私は好きでないわ。

2 いいえ，それは違うわ。

3 いいえ，私は違うわ。

解　説 Do you ～? の形の質問に対しては，Yes, I do. または No, I don't. が最も基本的な答え方なので **1** が正解です。**2** は it を使っているので不適切です。また **3** は I'm (＝I am) を使っていて，これは Are you ～? に対する応答です。

No.4　解答 ①

放送文 How much is this watch?

1 Eighty dollars.　　**2** For two hours.

3 At five.

放送文の訳「この腕時計はいくらですか」

1 80ドルです。　　　　**2** 2時間です。

3 5時にです。

解　説 How much ～? は「～はいくらですか」と値段をたずねる表現なので，値段を答えている **1** が正解です。dollar「ドル」は「ダ（ー）ゥァ」のように発音するので，聞き取れるようにしておきましょう。

No.5　解答 ①

放送文 Do you have a social studies test today?

1 No, it's tomorrow.　　**2** No, I'm a student.

3 No, it's in my bag.

放送文の訳　「あなたは今日，社会科のテストがあるの？」

1 ううん，それは明日だよ。　**2** ううん，ぼくは生徒だよ。

3 ううん，それはぼくのかばんの中にあるよ。

解説　social studies は「（教科の）社会科」の意味です。「今日，〜があるの？」という質問に No を使って答えているので，今日ではなく tomorrow「明日」だと言っている **1** が適切な応答です。

No.6　解答 **3**

放送文　How many students are in your club?

1 My name is Jack.

2 On Thursdays.

3 Thirteen.

放送文の訳　「あなたのクラブには何人の生徒がいるの？」

1 ぼくの名前はジャックだよ。

2 毎週木曜日にだよ。

3 13人だよ。

解説　How many 〜? は「いくつ[何人]の〜ですか」と数をたずねる言い方で，ここでは生徒の人数を聞いています。これに対する応答は，Thirteen. と数を答えている **3** が適切です。

No.7　解答 **3**

放送文　When can we go cycling?

1 The department store.

2 Some new shirts.

3 This weekend.

放送文の訳　「私たちはいつサイクリングに行けるかしら？」

1 デパートだよ。

2 新しいシャツだよ。

3 今週末だよ。

解説　文頭の When「いつ」をしっかりと聞き取りましょう。When を使った質問には「時」を答えるのがふさわしいの

で, This weekend.「今週末」と答えている **3** が正解です。

No. 8　解答 ②

放送文　Do you like my new shoes?
1　Yes, that's $20.
2　Yes, they're pretty.
3　Yes, it's my birthday.

放送文の訳　「私の新しい靴は気に入った？」
1　うん，それは 20 ドルだよ。
2　うん，それはきれいだね。
3　うん，ぼくの誕生日だよ。

解　説　Do you like ～? は「～は好きですか，～は気に入りましたか」という意味で，女性は自分の新しい靴が気に入ったかと男性にたずねています。これに対する応答は, pretty「きれいな」を使って感想を述べている **2** が適切です。

No. 9　解答 ③

放送文　How long is that bridge?
1　For one hour.　　2　I have a car.
3　It's about 50 meters.

放送文の訳　「あの橋はどれくらいの長さですか」
1　1 時間です。　　2　私は車を持っています。
3　それは約 50 メートルです。

解　説　How long ～? は「どれくらいの長さ～？」という意味で，距離にも時間にも使います。ここでは橋の長さをたずねているので，**3** が正解です。meter「メートル」は「ミータァ」のように発音するので注意しましょう。**1** は「時間の長さ」を聞かれたときの応答です。

No. 10　解答 ②

放送文　I'm going to my friend's house.
1　It's in the kitchen.　　2　Have a good time.

3 I don't know.

放送文の訳 「私は友だちの家に行くところよ」
1 それは台所にあるよ。　**2** 楽しんでおいで。
3 私は知らないよ。

解　説 女の子が出かける場面です。正解は **2** で，Have a good
time. は直訳すれば「楽しい時を過ごしなさい」という意
味ですが，出かける人などに対して「楽しんできてね」とい
う意味で使います。

| リスニング | 第**2**部 | 問題編 P42 | 🔊 | ▶ MP3 ▶ アプリ
▶ CD 1 **40**～**45** |

No.11 解答 **3**

放送文 ★：When is your concert, Amanda?

☆：On Saturday.　Please come, Dad.

Question: When is Amanda's concert?

放送文の訳 ★：「君のコンサートはいつなのかい，アマンダ？」

☆：「土曜日よ。来てね，お父さん」

質問の訳 「アマンダのコンサートはいつですか」

選択肢の訳 **1** 木曜日に。**2** 金曜日に。**3** 土曜日に。**4** 日曜日に。

解　説 When「いつ」で始まる質問に，女の子（＝アマンダ）は
On Saturday.「土曜日に」と答えています。7つの曜日
はすべて確実に聞き取れるようにしておきましょう。

No.12 解答 **1**

放送文 ☆：Is this green umbrella yours, Mike?

★：No, that's Helen's.　Mine is black.

Question: Whose umbrella is green?

放送文の訳 ☆：「この緑のかさはあなたのものなの，マイク？」

★：「いや，それはヘレンのだよ。ぼくのものは黒いよ」

質問の訳 「だれのかさが緑ですか」

選択肢の訳 **1** ヘレンの。　　　　　**2** マイクの。

35

3 ヘレンの姉[妹]の。　　　4 マイクの姉[妹]の。

解説　質問にある Whose は「だれの」という意味です。「この緑
のかさはあなたのものか」と聞かれて，男の子（＝マイク）
は No と答えています。続いて that's Helen's と言って
いることから，ヘレンのかさが緑だとわかります。

No. 13 解答 ②

放送文　☆：Can I have a banana?

★：Yes.　There's one on the table.

Question: Where is the banana?

放送文の訳　☆：「バナナを食べてもいい?」

★：「いいよ。テーブルの上に1本あるよ」

質問の訳　「バナナはどこにありますか」

選択肢の訳　1 テーブルの下に。　　　2 テーブルの上に。
3 いすの下に。　　　4 いすの上に。

解説　男性の発言にある one はここでは a banana を意味して
います。男性は「テーブルの上にある」と言っているので，
2 が正解です。場所を表す語は in「～の中に」や by「～の
そばに」なども重要です。

No. 14 解答 ④

放送文　★：I have a new cat.　Do you have any pets?

☆：No, but my grandma has a fish and a rabbit.

Question: What does the boy have?

放送文の訳　★：「ぼくは新しい猫を飼っているよ。君はペットを飼っているの?」

☆：「いいえ，でも私のおばあちゃんは魚とウサギを飼っているわ」

質問の訳　「男の子は何を飼っていますか」

選択肢の訳　1 魚。　　　2 犬。　　　3 ウサギ。　　　4 猫。

解説　会話にはいくつかの動物名が出てきます。質問は「男の子は
何を飼っているか」なので，2回目の放送は男の子の発言を
特に注意して聞きましょう。I have a new cat. から正解
は 4 だとわかります。

No.15 解答 **2**

放送文　☆：Luke, is your sister six years old?

★：No, she's five.

Question: How old is Luke's sister?

放送文の訳　☆：「ルーク，あなたのお姉さん[妹さん]は6歳なの？」

★：「ううん，彼女は5歳だよ」

質問の訳　「ルークの姉[妹]は何歳ですか」

選択肢の訳　**1** 4歳。　　**2** 5歳。　　**3** 6歳。　　**4** 7歳。

解　説　女の子の「6歳なの？」という質問に対して男の子は No と答えているので，**3**を選ばないようにしましょう。男の子は she's five と言っているので，**2**が正解です。

リスニング　第**3**部 ｜ 問題編 P43〜44　🔊 ▶MP3 ▶アプリ ▶CD 1 46 〜 56

No.16 解答 **2**

放送文　**1** Henry's foot is 8 centimeters long.

2 Henry's foot is 18 centimeters long.

3 Henry's foot is 28 centimeters long.

放送文の訳　**1** ヘンリーの足は8センチメートルです。

2 ヘンリーの足は18センチメートルです。

3 ヘンリーの足は28センチメートルです。

解　説　18 は eighteen「エイティーン」と発音します。絵に数字が書かれていたら，それを英語で何と言うかすぐに思い浮かべるようにしましょう。8 は eight，28 は twenty-eight です。

No.17 解答 **1**

放送文　**1** Vanessa is using chopsticks.

2 Vanessa is washing chopsticks.

3 Vanessa is buying chopsticks.

放送文の訳　**1** バネッサははしを使っています。

2　バネッサははしを洗っています。

3　バネッサははしを買っています。

解説　chopsticks は「はし」の意味です。絵にははしを使って食事をしている場面が描かれているので，using（use「～を使う」の～ing 形）と言っている **1** が正解です。

No. 18 解答 ③

放送文
1　Sho goes to the park at nine every night.

2　Sho takes a shower at nine every night.

3　Sho goes to bed at nine every night.

放送文の訳
1　ショウは毎晩 9 時に公園へ行きます。

2　ショウは毎晩 9 時にシャワーを浴びます。

3　ショウは毎晩 9 時に寝ます。

解説　絵にはベッドに入って寝るところが描かれているので，go to bed「寝る」を使った **3** が正解です。ここでは主語が Sho なので，動詞 go は goes という形になっています。

No. 19 解答 ②

放送文
1　Mr. Yamada works at a museum.

2　Mr. Yamada works at a post office.

3　Mr. Yamada works at a hamburger shop.

放送文の訳
1　ヤマダさんは博物館で働いています。

2　ヤマダさんは郵便局で働いています。

3　ヤマダさんはハンバーガー店で働いています。

解説　男性は郵便物を持った女性と話していることから，ここは郵便局だと考えられます。場所を表す語は library「図書館」や zoo「動物園」なども覚えておきましょう。

No. 20 解答 ②

放送文
1　The lion is 215 kilograms.

2　The lion is 250 kilograms.

3　The lion is 350 kilograms.

放送文の訳
1　ライオンは 215 キログラムです。

2 ライオンは 250 キログラムです。

3 ライオンは 350 キログラムです。

解 説 絵に 250 kg と書かれています。250 は two hundred and fifty と読みます（hundred は「100」, fifty は「50」の意味）。**1** では two hundred and fifteen「215」と言っていて, fifteen「15」と fifty をしっかりと聞き分けることが重要です。

No.21 解答 ③

放送文 **1** A horse is eating by the house.

2 A pig is eating by the house.

3 A sheep is eating by the house.

放送文の訳 **1** 馬が家のそばで食べています。

2 ブタが家のそばで食べています。

3 羊が家のそばで食べています。

解 説 動物の名前を聞き取る問題です。絵には「羊」が描かれていて,「羊」は sheep と言います。ほかに mouse「ネズミ」, hamster「ハムスター」なども覚えておきましょう。

No.22 解答 ②

放送文 **1** The bird is on Julie's leg.

2 The bird is on Julie's shoulder.

3 The bird is on Julie's head.

放送文の訳 **1** 鳥はジュリーの脚の上にいます。

2 鳥はジュリーの肩の上にいます。

3 鳥はジュリーの頭の上にいます。

解 説 鳥は女性の肩にとまっているので **2** が正解です。体の部分はほかに hand「手」や arm「腕」などを覚えておきましょう。

No.23 解答 ③

放送文 **1** Brad is cleaning a shirt.

2 Brad is cleaning a car.

3 Brad is cleaning a window.

1 ブラッドはシャツをきれいにしています。

2 ブラッドは車<ruby>車<rt>くるま</rt></ruby>をきれいにしています。

3 ブラッドは窓<ruby>窓<rt>まど</rt></ruby>をきれいにしています。

解　説　3つの英文<ruby>英文<rt></rt></ruby>は最後<ruby>最後<rt>さいご</rt></ruby>の shirt「シャツ」，car「車<ruby>車<rt>くるま</rt></ruby>」，window「窓<ruby>窓<rt>まど</rt></ruby>」だけが異<ruby>異<rt>こと</rt></ruby>なります。異<ruby>異<rt>こと</rt></ruby>なる部分<ruby>部分<rt>ぶぶん</rt></ruby>を集中<ruby>集中<rt>しゅうちゅう</rt></ruby>して聞<ruby>聞<rt>き</rt></ruby>き取<ruby>取<rt>と</rt></ruby>るようにしましょう。絵<ruby>絵<rt>え</rt></ruby>の男性<ruby>男性<rt>だんせい</rt></ruby>は窓<ruby>窓<rt>まど</rt></ruby>をふいているので**3**が正解<ruby>正解<rt>せいかい</rt></ruby>です。

No.24 解答 ③

放送文　**1** Brenda is writing a letter.

2 Brenda is making breakfast.

3 Brenda is talking on the phone.

放送文の訳　**1** ブレンダは手紙<ruby>手紙<rt>てがみ</rt></ruby>を書<ruby>書<rt>か</rt></ruby>いています。

2 ブレンダは朝食<ruby>朝食<rt>ちょうしょく</rt></ruby>を作<ruby>作<rt>つく</rt></ruby>っています。

3 ブレンダは電話<ruby>電話<rt>でんわ</rt></ruby>で話<ruby>話<rt>はな</rt></ruby>しています。

解　説　絵<ruby>絵<rt>え</rt></ruby>の女性<ruby>女性<rt>じょせい</rt></ruby>はスマートフォンで話<ruby>話<rt>はな</rt></ruby>しています。この状況<ruby>状況<rt>じょうきょう</rt></ruby>を述<ruby>述<rt>の</rt></ruby>べているのは**3**で，on the phone は「電話<ruby>電話<rt>でんわ</rt></ruby>で」という意味<ruby>意味<rt>いみ</rt></ruby>です。

No.25 解答 ①

放送文　**1** Mark is swimming in the sea.

2 Mark is swimming in a river.

3 Mark is swimming in a pool.

放送文の訳　**1** マークは海<ruby>海<rt>うみ</rt></ruby>で泳<ruby>泳<rt>およ</rt></ruby>いでいます。

2 マークは川<ruby>川<rt>かわ</rt></ruby>で泳<ruby>泳<rt>およ</rt></ruby>いでいます。

3 マークはプールで泳<ruby>泳<rt>およ</rt></ruby>いでいます。

解　説　絵<ruby>絵<rt>え</rt></ruby>には島<ruby>島<rt>しま</rt></ruby>や船<ruby>船<rt>ふね</rt></ruby>が描<ruby>描<rt>か</rt></ruby>かれていることから，ここは海<ruby>海<rt>うみ</rt></ruby>だと判断<ruby>判断<rt>はんだん</rt></ruby>できます。したがって in the sea「海<ruby>海<rt>うみ</rt></ruby>で」と言<ruby>言<rt>い</rt></ruby>っている**1**が正解<ruby>正解<rt>せいかい</rt></ruby>です。

2022-3

筆記解答・解説 （ひっき かいとう かいせつ）   P42〜48

リスニング解答・解説 （かいとう かいせつ）   P48〜58

解答一覧 （かい とう いち らん）

筆記

1

(1)	3	(6)	2	(11)	1
(2)	1	(7)	3	(12)	4
(3)	4	(8)	1	(13)	4
(4)	1	(9)	1	(14)	1
(5)	1	(10)	3	(15)	2

2

(16)	2	(18)	3	(20)	1
(17)	2	(19)	4		

3

(21)	4	(23)	3	(25)	2
(22)	4	(24)	3		

リスニング

第1部

No. 1	1	No. 5	2	No. 9	2
No. 2	2	No. 6	2	No. 10	3
No. 3	2	No. 7	3		
No. 4	3	No. 8	1		

第2部

No. 11	1	No. 13	2	No. 15	4
No. 12	2	No. 14	3		

第3部

No. 16	1	No. 20	2	No. 24	3
No. 17	3	No. 21	1	No. 25	1
No. 18	1	No. 22	3		
No. 19	2	No. 23	1		

(1) 解答 **3**

訳 「ジルはバンドで友だちといっしょに歌います」

1 ～を置く **2** （絵の具で）～を描く
3 歌う **4** 話す

解説 in a band「バンドで」の部分に注目しましょう。バンドですることを考えると sings「歌う」が正解だとわかります。主語が Jill なので動詞に s が付いています。

(2) 解答 **1**

訳 A：「あら，あなたの絵[写真]はとてもすてきですね，リンダ。私はそれがとても好きです」

B：「ありがとうございます，ウィルソンさん」

1 すてきな **2** 背の高い
3 すまなく思って **4** 若い

解説 A は 2 文目で「私はそれがとても好きです」と言っているので，空所にはリンダの絵[写真]をほめる言葉が入ると考えられます。適切なのは nice「すてきな」です。

(3) 解答 **4**

訳 「私には 1 人の姉[妹]がいます。彼女は 10 歳です」

1 息子 **2** 父 **3** 兄[弟] **4** 姉[妹]

解説 1 文目の have は「（家族・友人など）がいる」という意味です。2 文目は She「彼女」で始まっているので，空所には女性を表す語が入ります。したがって **4** が正解です。

(4) 解答 **1**

訳 A：「見て！ 雪が降っている！」

B：「うん，とても寒いね」

1 雪が降っている **2** ～を読んでいる
3 ～を言っている **4** ～を話している

解説 snow は it が主語のとき「雪が降る」という意味になりま

す。また〈be 動詞 + ~ing〉で「~しているところだ」を表します。したがって It's (= It is) snowing! で「雪が降っている！」という意味になり，B の「とても寒いね」に自然につながります。

(5) 解答 **1**

訳
A：「あなたはよくレストランへ行きますか」
B：「はい，私はおいしい食べ物が好きです」

1 レストラン　　　　　2 木
3 カメラ　　　　　　　4 部屋

解説
選択肢はすべて名詞の複数形です。go to (　) という形なので，空所には場所を表す語が入るとわかります。1 と 4 が場所を表しますが，B の「おいしい食べ物が好き」につなげるには restaurants「レストラン」が適切です。

(6) 解答 **2**

訳
「クロダさんは医者です。たくさんの人々が彼の病院に行きます」

1 パイロット　　　　　2 医者
3 ダンサー　　　　　　4 先生

解説
2 文目にある hospital「病院」と関係のある職業を考えると，doctor「医者」が適切です。nurse「看護師」も覚えておきましょう。

(7) 解答 **3**

訳
A：「あら，あれはきれいな花ね。あれはプレゼントなの，ジェーン？」
B：「ええ，これは私のお母さんのためなのよ」

1 髪　　　2 テスト　　　3 花　　　4 窓

解説
母親へのプレゼントとしてふさわしいものを考えます。3 の flower「花」が正解で，beautiful「美しい，きれいな」とも適切に結びつきます。

(8) 解答 **1**

訳
「ぼくは毎週日曜日に学校でサッカーをします」

1 （at school で）学校で　　2 ~の

3 外へ　　　　　　　　　**4** 下へ

解説　空所の後にある school「学校」に注目します。school と結びつく前置詞は **1** の at です。at school「学校で」という形で覚えておきましょう。

(9)　解答 **1**

訳　「ナンシーはカリフォルニアに住んでいます」

1 （lives in ～ で）～に住んでいる

2 見る

3 ～を買う

4 ～がほしい

解説　live は「住む，住んでいる」の意味で，〈live in＋場所〉で「～に住んでいる」を表します。ここでは主語が Nancy なので動詞に s が付いています。

(10)　解答 **3**

訳　A：「今日の午後３時にぼくの家へ来られる？」

B：「ごめんなさい，行けないわ」

1 ～の　　　　　　　　　　**2** ～のために

3 （come to ～ で）～へ来る　**4** 外へ

解説　to は到達点・方向を表して「～へ，～に」を意味し，come to ～ で「～へ来る」の意味になります。go to ～ なら「～へ行く」です。

(11)　解答 **1**

訳　A：「ジョン，あなたはふつう何時にお風呂に入るの？」

B：「９時頃だよ」

1 （what time で）何時　　**2** 週

3 手　　　　　　　　　　　**4** 顔

解説　B が「９時頃だよ」と時間を答えていることに注目します。what time で「何時」と時間をたずねる表現になります。take a bath「風呂に入る」も覚えておきましょう。

(12)　解答 **4**

訳　A：「あなたは英語が好き？」

B：「うん，もちろん」

1 〜の中に 　　　　　　　　　**2** 外へ

3 〜の上に 　　　　　　　　　**4** （of course で）もちろん

解説 空所の後にある course と結びつくのは of で，of course で「もちろん」を表します。意味的にも空所の前にある Yes とうまくつながります。of course というまとまりで覚えておきましょう。

(13) 解答 **4**

訳 「ブラウンさんには2人の子どもがいます。彼らの名前はニックとシンディーです」

1 彼ら[彼女ら]は 　　　　　　　**2** 彼ら[彼女ら]のもの

3 彼ら[彼女ら]を 　　　　　　　**4** 彼ら[彼女ら]の

解説 空所の後に names という名詞があるので，空所には「〜の」の意味の語が入るとわかります。Their には「それらの」という意味もあります。

(14) 解答 **1**

訳 A：「あなたはフランス語を話しますか」

B：「いいえ，話しません。でも私はスペイン語を話します」

解説 A の Do you 〜? という質問の形に注意しましょう。この形の質問には Yes, I do. または No, I don't. と答えるのが基本なので，**1** が正解です。

(15) 解答 **2**

訳 A：「この数学の問題は難しいな」

B：「ヤマダ先生に聞いてみましょう。彼は私たちを助けられるわ」

1 私たちは 　　　　　　　　　　**2** 私たちを

3 私たちの 　　　　　　　　　　**4** 私たちのもの

解説 空所の前にある help という動詞につながる語を考えましょう。空所には「私たちを」を意味する us が適切で，help us で「私たちを助ける」という意味になります。

45

(16) 解答 ②

訳　女の子：「さようなら，マイク」
男の子：「じゃあまたね」

1　ぼくは元気だよ。　　　2　じゃあまたね。
3　おはよう。　　　　　　4　ぼくもだよ。

解説　女の子は Bye「さようなら」と別れのあいさつを言っています。これに対しては「じゃあまたね，さようなら」を表す See you. と返すのが自然です。

(17) 解答 ②

訳　女の子1：「これは私の新しいドレスよ」
女の子2：「きれいね」

1　私もできるわ。　　　　2　きれいね。
3　パーティーでよ。　　　4　私の誕生日のためよ。

解説　女の子1が女の子2に自分の新しいドレスを見せている場面を想像しましょう。beautiful「きれいな，美しい」を使ってそのドレスの感想を言っている **2** が適切です。

(18) 解答 ③

訳　女の子：「トム，今日は放課後にあなたといっしょに勉強することができないわ」
男の子：「大丈夫だよ」

1　行こう。　　　　　　　2　7月14日だよ。
3　大丈夫だよ。　　　　　4　どういたしまして。

解説　all right は「よろしい」や「いいんですよ」を意味し，That's all right. で「それでいいよ，大丈夫だよ」を表します。女の子の「〜ができない」という発言に対する適切な応答です。

(19) 解答 ④

訳　母親：「このスカートはどうかしら，アン？」

女の子：「大好きよ。それは私の大好きな色なの」

1 私は行けるわ。　　　　　**2** 私は13歳よ。

3 ごめんなさい。　　　　　**4** 大好きよ。

解説 How about ～? は「～はどうですか」と意見をたずねるときなどに使います。I love it. は「私はそれが大好きだ，とても気に入った」の意味で，2文目の「それは私の大好きな色なの」に自然につながります。

(20) 解答 ①

訳 男の子1：「君の英語の先生はとても若いね。彼女は何歳なの，カール？」

　　　男の子2：「彼女は25歳だよ」

1 彼女は25歳だよ。

2 彼女はダンサーだよ。

3 彼女はあまり背が高くないよ。

4 彼女は今家にいないよ。

解説 How old ～? は年齢をたずねる表現です。したがって数字を使って年齢を答えている **1** が正解です。She's は She is の短縮形です。

筆記 **3** 問題編 P51～52

(21) 解答 ④

正しい語順 I (sleep for eight hours) every night.

解説 主語の I の次に動詞の sleep「寝る」を置きます。for はここでは時間を表す「～の間」という意味なので，for eight hours「8時間」と続けます。

(22) 解答 ④

正しい語順 (Where does Cathy play) tennis?

解説 Where「どこで」で文を始めます。疑問文なのでその後は〈does＋主語＋動詞〉という語順になることに注意しましょ

う。「テニスをする」は play tennis と言います。

(23) 解答 **3**

正しい語順 (Is your mother's name) Hiroko?

解説 your mother's name「あなたのお母さんの名前」が主語になります。ここでは「～ですか」という疑問文なので，be 動詞の Is を主語の前に置くことに注意しましょう。

(24) 解答 **3**

正しい語順 James, (how do you study) English?

解説 「どうやって」は how で表します。疑問文なので how の後は〈do you＋動詞〉という語順になります。how などの疑問詞を使った疑問文の作り方に慣れておきましょう。

(25) 解答 **2**

正しい語順 Junko, (are you in the cooking club)?

解説 「（クラブなど）に入っている」は in を使って〈be 動詞＋in＋クラブなど〉という形で表せます。つまり are in the cooking club となり，ここでは疑問文なので are you in the cooking club という語順にします。

| リスニング | 第**1**部 | 問題編 P53～55 | 🔊 | ▶MP3 ▶アプリ ▶CD 1 57～67 |

〔例題〕 解答 **3**

放送文 Is this your bag?
    1 Sure, I can.   **2** On the chair.
    3 Yes, it is.

放送文の訳 「これはあなたのかばんですか」
    1 ええ，ぼくはできます。   **2** いすの上に。
    3 はい，そうです。

No.1 解答 **1**

放送文 Where are my glasses?

1 On the table.　　**2** They're brown.

3 Good idea.

放送文の訳 「私のめがねはどこにあるかな？」

1 テーブルの上よ。　　**2** それらは茶色よ。

3 いい考えね。

解　説 文頭の Where「どこに」をしっかりと聞き取りましょう。場所をたずねているので，On the table.「テーブルの上よ」と場所を答えている **1** が正解です。

No. 2　解答 ②

放送文 How many comic books do you have at home?

1 They're great.　　**2** I have 13.

3 Yes, I do.

放送文の訳 「あなたは家に何冊のマンガ本を持っているの？」

1 それらはすばらしいよ。　　**2** 13冊持っているよ。

3 うん，そうだよ。

解　説 How many 〜？は「いくつの〜？」と数をたずねる表現で，ここでは comic books「マンガ本」の冊数をたずねています。数を答えている **2** が正解です。

No. 3　解答 ②

放送文 See you after school.

1 Right now.　　**2** OK, Dad.

3 In my classroom.

放送文の訳 「学校が終わったらまたね」

1 今すぐによ。　　**2** わかったわ，お父さん。

3 私の教室でよ。

解　説 See you は「ではまた，さようなら」という意味で，ここでは父親が娘を学校に送り出す場面で使われています。応答としては OK「わかったわ」を使っている **2** が適切です。

No. 4　解答 ③

放送文 Do you often go to the library?

1 No, it's my book.

2 It's under the TV.

3 Yes, every Sunday.

放送文の訳 「君はよく図書館に行くの？」

1 ううん，それは私の本よ。

2 それはテレビの下にあるわ。

3 ええ，毎週日曜日に。

解説 Do you 〜？の形の質問には Yes か No で答えるので，**1** と **3** が正解の候補です。「よく図書館に行くの？」に対しては，Yes の後に「毎週日曜日に」と付け加えている **3** が適切な応答です。

No. 5　解答 ②

放送文 When do you do your homework?

1 I'm home.　　　　**2** After dinner.

3 Nice to meet you.

放送文の訳 「君はいつ宿題をするの？」

1 私は家にいるわ。　　　**2** 夕食の後によ。

3 会えてうれしいわ。

解説 When 「いつ」とたずねているので，いつなのかを答えている **2** が適切です。homework 「宿題」という語が出てきますが，それにつられて home 「家に」を含む **1** を選ばないように注意しましょう。

No. 6　解答 ②

放送文 Whose phone is that?

1 I'm here.　　　　**2** It's mine.

3 That's the sofa.

放送文の訳 「それはだれの電話なの？」

1 ぼくはここにいるよ。　　　**2** それはぼくのものだよ。

3 それはソファだよ。

解説 Whose は「だれの」という意味なので，mine 「私のもの」を使って答えている **2** が適切です。イラストにはソファが

描かれていますが，sofa を含む **3** に引っかからないようにしましょう。

No.7　解答 **3**

22年度第3回　リスニング

放送文
Do you walk to school every morning?
1　No, I'm a student.
2　No, it's at home.
3　No, I ride my bike.

放送文の訳
「君は毎朝歩いて学校に来るの？」
1　ううん，私は生徒よ。
2　ううん，それは家にあるわ。
3　ううん，私は自転車に乗って来るわ。

解　説
walk は「歩く」という意味で，男の子は「歩いて学校に来るの？」とたずねています。これに対して ride my bike「自転車に乗る」を使って答えている **3** が適切な応答です。

No.8　解答 **1**

放送文
When do you play the guitar?
1　On Saturday mornings.　2　On the radio.
3　For an hour.

放送文の訳
「君はいつギターを弾くの？」
1　毎週土曜日の午前中によ。　2　ラジオでよ。
3　1時間よ。

解　説
When「いつ」という質問です。正解の **1** では morning が複数形になっていて，On Saturday mornings. で「毎週土曜日の午前中に」という意味になります。**3** の For an hour. は「1時間」という時間の長さを表すので，適切な応答ではありません。

No.9　解答 **2**

放送文
Are your brothers tall?
1　Yes, we can.　2　Yes, they are.
3　Yes, it is.

「あなたの兄弟は背が高いの？」

1 うん，ぼくたちはできるよ。　　**2** うん，彼らはそうだよ。

3 うん，それはそうだよ。

解説　your brothers「あなたの兄弟」が複数形であることに注意しましょう。複数の人をさすときは they を使うので，Yes, they are. と答えている **2** が正解です。

No.10 解答 ③

放送文　Does Aunt Cathy have a dog?

1 No, she's your teacher.

2 It's a big pet shop.

3 No, she doesn't.

放送文の訳　「キャシーおばさんは犬を飼っているの？」

1 いいえ，彼女はあなたの先生よ。

2 それは大きなペットショップよ。

3 いいえ，飼っていないわ。

解説　Does ～? という形の質問です。Aunt Cathy を she に置きかえ，doesn't を使って答えている **3** が適切です。dog「犬」から pet shop「ペットショップ」を連想して **2** を選ばないようにしましょう。

リスニング	第**2**部	問題編 P56	🔊	▶MP3 ▶アプリ ▶CD 1 68〜73

No.11 解答 ①

放送文　☆：Are you drinking milk, Dad?

★：No, I'm having some tea.

Question: What is the girl's father drinking?

放送文の訳　☆：「牛乳を飲んでいるの，お父さん？」

★：「いや，紅茶を飲んでいるんだよ」

質問の訳　「女の子の父親は何を飲んでいますか」

選択肢の訳　**1** 紅茶。　**2** ジュース。　**3** 牛乳。　**4** コーヒー。

解説 父親の発言にある having (have の〜ing 形) は，ここ
では女の子の発言にある drinking (drink「〜を飲む」
の〜ing 形) と同じ意味で使われています。父親は I'm
having some tea と言っているので **1** が正解です。

No.12 解答 ②

放送文 ☆：Is this coat 40 dollars?

★：No, it's 35 dollars.

Question: How much is the coat?

放送文の訳 ☆：「このコートは 40 ドルですか」

★：「いいえ，それは 35 ドルです」

質問の訳 「コートはいくらですか」

選択肢の訳 **1** 30 ドル。 **2** 35 ドル。 **3** 40 ドル。 **4** 45 ドル。

解説 How much 〜? は「いくら」と値段をたずねる表現です。
女性が「40 ドルですか」と聞いたのに対して男性は No と
答えた後，「35 ドルです」と値段を言っています。**3** を選ば
ないように注意しましょう。

No.13 解答 ②

放送文 ★：Nancy. Does your brother often go skating?

☆：Yes, he does, Steve. He can skate really well.

Question: Who is a good skater?

放送文の訳 ★：「ナンシー。君のお兄さん[弟さん]はよくスケートをしに行く
の？」

☆：「ええ，そうよ，スティーブ。彼はとてもじょうずにスケートが
できるのよ」

質問の訳 「だれがスケートがじょうずですか」

選択肢の訳 **1** ナンシー。 **2** ナンシーの兄[弟]。
3 スティーブ。 **4** スティーブの兄[弟]。

解説 質問は「だれがじょうずなスケーターですか」→「だれがス
ケートがじょうずですか」という意味です。女の子（＝ナン
シー）は He can skate really well. と言っていて，こ
の He は女の子の brother をさしています。

No.14 解答 ③

放送文 ☆：I can't find my red pen.　It's not in my pencil case.

　　　★：It's under your chair.

　　　Question: Where is the girl's red pen?

放送文の訳 ☆：「私の赤ペンが見つからないです。私の筆箱の中にありません」

　　　★：「君のいすの下にあるよ」

質問の訳　「女の子の赤ペンはどこにありますか」

選択肢の訳　**1** 彼女の筆箱の中に。　　**2** 彼女のかばんの中に。

　　　　　3 彼女のいすの下に。　　**4** 彼女の教科書の下に。

解　説　女の子は It's <u>not</u> in my pencil case. と言っているので，**1** を選ばないようにしましょう。男性の発言 It's under your chair. から **3** が正解だとわかります。

No.15 解答 ④

放送文 ★：Do you like singing, Sally?

　　　☆：No, but I often play the piano.

　　　Question: What does Sally often do?

放送文の訳 ★：「君は歌うことが好きかい，サリー？」

　　　☆：「ううん，でも私はよくピアノを弾くわ」

質問の訳　「サリーはよく何をしますか」

選択肢の訳　**1** 彼女は音楽を聞く。

　　　　　2 彼女は絵を描く。

　　　　　3 彼女は男の子といっしょに歌う。

　　　　　4 彼女はピアノを弾く。

解　説　often は「よく，しばしば」という意味です。女の子（＝サリー）は I often play the piano と言っていることから，**4** が正解です。

No.16 解答 **1**

放送文
1 Junko is sitting in a plane.
2 Junko is sitting in a car.
3 Junko is sitting in a bus.

放送文の訳
1 ジュンコは飛行機の中ですわっています。
2 ジュンコは車の中ですわっています。
3 ジュンコはバスの中ですわっています。

解説
3つの英文を聞くと最後の語だけが違うとわかります。そこで2回目の放送では最後の語に集中して聞き取りましょう。女性は飛行機の座席にすわっているので，**1**が正解です。

No.17 解答 **3**

放送文
1 The bridge is ninety-two meters long.
2 The bridge is nine hundred meters long.
3 The bridge is nine hundred and twenty meters long.

放送文の訳
1 橋は92メートルの長さです。
2 橋は900メートルの長さです。
3 橋は920メートルの長さです。

解説
920は nine hundred (and) twenty と読みます。hundred「100」を使った3けたの数字の言い方を復習しておきましょう。

No.18 解答 **1**

放送文
1 Peter's family is eating breakfast.
2 Peter's family is eating lunch.
3 Peter's family is eating dinner.

放送文の訳
1 ピーターの家族は朝食を食べています。
2 ピーターの家族は昼食を食べています。
3 ピーターの家族は夕食を食べています。

解　説 3つの英文は最後の breakfast「朝食」, lunch「昼食」, dinner「夕食」の部分だけが違います。絵の中の時計が示している時刻は午前7時15分なので，**1** が正解です。

No.19 解答 ②

放送文
1 A bird is on Taro's hand.
2 A bird is on Taro's foot.
3 A bird is on Taro's head.

放送文の訳
1 鳥がタロウの手の上にいます。
2 鳥がタロウの足の上にいます。
3 鳥がタロウの頭の上にいます。

解　説 foot「足」という語を使っている **2** が正解です。foot は足首から下の部分をさし，足首から上の部分は leg「脚」と言います。ほかに arm「腕」もよく出題されます。

No.20 解答 ②

放送文
1 It's 6:05.
2 It's 6:15.
3 It's 6:50.

放送文の訳
1 6時5分です。
2 6時15分です。
3 6時50分です。

解　説 時刻の 6:15 は six fifteen と読みます。**3** の 6:50 (six fifty) と聞き分けることが重要で，**fifteen**「15」は後ろに，**fif**ty「50」は前にアクセントがあります。

No.21 解答 ①

放送文
1 Mike is buying a sandwich.
2 Mike is eating a sandwich.
3 Mike is making a sandwich.

放送文の訳
1 マイクはサンドイッチを買っています。
2 マイクはサンドイッチを食べています。
3 マイクはサンドイッチを作っています。

解説 3つの文の動詞はそれぞれ buy「〜を買う」, eat「〜を食べる」, make「〜を作る」の〜ing 形です。動詞をしっかりと聞き取りましょう。男の子はお金を払っているので **1** が正解です。

No. 22 解答 **3**

放送文
1 The children are at a restaurant.
2 The children are at a library.
3 The children are at a zoo.

放送文の訳
1 子どもたちはレストランにいます。
2 子どもたちは図書館にいます。
3 子どもたちは動物園にいます。

解説 キリンやゾウがいるので zoo「動物園」だとわかります。場所を表す語は museum「博物館，美術館」や station「駅」, library「図書館」なども聞き取れるようにしておきましょう。

No. 23 解答 **1**

放送文
1 Alice is a nurse.
2 Alice is a teacher.
3 Alice is a pilot.

放送文の訳
1 アリスは看護師です。
2 アリスは先生です。
3 アリスはパイロットです。

解説 女性は聴診器を首にさげていて，後ろに松葉づえをついた人がいるので，ここは病院だと考えられます。したがって nurse「看護師」と言っている **1** が正解です。

No. 24 解答 **3**

放送文
1 Vicky is using a camera.
2 Vicky is using a dictionary.
3 Vicky is using a brush.

放送文の訳
1 ビッキーはカメラを使っています。

2 ビッキーは辞書を使っています。

3 ビッキーはブラシを使っています。

解　説　　**3** の brush は「ブラッシ」のように発音し，日本語の「ブラシ」とは音が異なります。また **1** の camera は「キャメラ」のように発音します。日本語になっている英語の発音に注意しましょう。

No. 25 解答 **1**

放送文　　**1** Mark goes to tennis practice by train.

2 Mark goes to tennis practice by bike.

3 Mark goes to tennis practice by car.

放送文の訳　　**1** マークは電車でテニスの練習に行きます。

2 マークは自転車でテニスの練習に行きます。

3 マークは車でテニスの練習に行きます。

解　説　　電車が描かれているので **1** が正解です。もし tennis practice「テニスの練習」がよく聞き取れなかったとしてもあせらずに，3つの文の異なる部分に注意を集中させましょう。

2022-2

解 答 一 覧

筆記

1

(1)	3	(6)	4	(11)	2
(2)	4	(7)	1	(12)	2
(3)	3	(8)	4	(13)	4
(4)	2	(9)	1	(14)	1
(5)	1	(10)	1	(15)	2

2

(16)	2	(18)	3	(20)	2
(17)	2	(19)	4		

3

(21)	2	(23)	1	(25)	4
(22)	2	(24)	4		

リスニング

第1部	No. 1	3	No. 5	2	No. 9	2
	No. 2	1	No. 6	3	No. 10	1
	No. 3	2	No. 7	1		
	No. 4	2	No. 8	3		

第2部	No. 11	3	No. 13	4	No. 15	2
	No. 12	2	No. 14	3		

第3部	No. 16	3	No. 20	2	No. 24	3
	No. 17	1	No. 21	2	No. 25	1
	No. 18	1	No. 22	3		
	No. 19	2	No. 23	3		

(1) 解答 **3**

訳
「私たちは今日の午後，英語と数学の２つの授業があります」

1 机　　2 友だち　　3 授業　　4 オレンジ

解説
文の最後に English and math「英語と数学」という科目名があることから，空所には class「授業」の複数形である **3** の classes が入るとわかります。「授業がある」は have を使って表します。

(2) 解答 **4**

訳
「私の母はよく花屋でチューリップを買います」

1 （競技・ゲームなど）をする　　2 ～を教える
3 ～を閉じる　　　　　　　　　4 ～を買う

解説
at the flower shop「花屋で」とあるので，花屋ですることを考えましょう。ふさわしい動詞は **4** の buy「～を買う」です。主語が My mother なので，選択肢の動詞には (e)s が付いています。

(3) 解答 **3**

訳
A：「カール，君は学校へバスで行くの，それとも電車で行くの？」

B：「バスでです，アンダーソン先生」

1 しかし　　2 そんなに　　3 それとも　　4 ～もまた

解説
by bus「バスで」と by train「電車で」は交通手段を表す言い方です。空所に **3** の or「～か…，～または…」を入れると，「バスでですか，それとも電車でですか」の意味になります。

(4) 解答 **2**

訳
A：「あなたはどんな動物が好きですか，スーザン？」

B：「私は猫と犬が好きです」

1 スポーツ　2 動物　　3 映画　　4 飲み物

| 解説 | Bは cats and dogs「猫と犬」と言っているので，Aは **2** の animals「動物」についてたずねていると考えられます。選択肢の名詞はどれも複数形です。〈What＋名詞〜?〉で「どんな〜ですか」を表します。 |

(5) 解答 **1**

| 訳 | 「ヒロシはふだんテレビでバスケットボールの試合を見ます」 |

1 〜を見る **2** 〜を話す **3** 聞く **4** 〜を歌う

| 解説 | 文の最後にある on TV「テレビで」がヒントになります。空所には **1** の watches「〜を見る」を入れるのが自然です。主語が Hiroshi なので，選択肢の動詞には (e)s が付いています。 |

(6) 解答 **4**

| 訳 | A：「トム，今日は私の家で勉強しましょう」 |
| | B：「いいよ，じゃあまた後でね」 |

1 冬 **2** 時間 **3** 足 **4** 家

| 解説 | Aは「〜で勉強しましょう」と言っています。この内容から，空所には場所を表す語が入ると考えられます。選択肢の中で場所を表すのは **4** の house「家」です。 |

(7) 解答 **1**

| 訳 | A：「あなたが大好きな野球選手はだれですか」 |
| | B：「ケン・スズキです。彼はすばらしいです！」 |

1 すばらしい **2** 確信して
3 たくさんの **4** 日が照っている

| 解説 | 大好きな野球選手について話すときにふさわしい形容詞を考えましょう。**1** の great「すばらしい」が適切です。**2** の sure は Are you sure?「確かですか」や I'm not sure.「わかりません」のように使います。 |

(8) 解答 **4**

| 訳 | A：「ケント，私の新しいカメラを見て」 |
| | B：「わあ，かわいいね」 |

1 〜を食べる **2** 〜を料理する

3 〜がほしい　　　　　　**4**（look at 〜 で）〜を見る

Bがカメラの感想を言っていることから，Aはカメラを「見て」と言っていると考えられます。したがって，**4**の look を入れて look at 〜 の形で「〜を見る」とするのが適切です。look at 〜 はよく出題されるので覚えておきましょう。

(9)　解答 **1**

A：「ケリー，あなたは毎朝何時に目が覚めますか」

B：「6時です」

1（wake up で）目が覚める　　**2**　〜を話す
3　〜を言う　　　　　　　　　**4**　〜を知っている

空所の後にある up と結びつく語を考えます。wake up で「目が覚める，起きる」という意味になります。get up「起きる」は「起き上がる」ことを，wake up は「眠りから覚める」ことを意味します。

(10)　解答 **1**

「私はたくさんの絵はがきを持っています。それらは私の祖父からのものです」

1（a lot of 〜 で）たくさんの〜　**2**　〜のそばに
3　下へ　　　　　　　　　　　**4**　〜の後に

空所の前の a lot に注目します。空所に入るのは**1**の of で，〈a lot of＋名詞〉で「たくさんの〜」を表します。

(11)　解答 **2**

A：「マイク，ぼくたちのサッカークラブへようこそ！」

B：「ありがとう」

1　〜の前に　**2**（welcome to 〜 で）〜へようこそ
3　〜の下に　**4**　〜から離れて

AがBをサッカークラブに歓迎している場面です。welcome は**2**の to と結びついて「〜へようこそ」という表現を作ります。ほかの選択肢は welcome と結びつきません。

(12)　解答 **2**

A：「お父さん，ぼくは眠いよ」

B：「寝る時間だよ，クリス。ぐっすり眠りなさい」

1 行く

2 (have a good night's sleep で) ぐっすり眠る

3 立つ

4 ～を作る

解説 B の発言の最後にある sleep は「眠り，睡眠」の意味の名詞で，have a good night's sleep で「ぐっすり眠る」を表します。これを命令形にすると，これから寝る人に向かって言う，「ぐっすり眠りなさい，おやすみなさい」という意味の表現になります。

(13) 解答 **4**

訳 A：「お父さん，カレンはどこにいるの？」

B：「彼女は今，居間にいるよ」

1 何が　　**2** いつ　　**3** だれが　　**4** どこに

解説 疑問詞の問題です。B は in the living room「居間に」と場所を答えています。したがって A は場所をたずねているとわかるので，**4** の where「どこに」が正解です。

(14) 解答 **1**

訳 「スミス先生は私の美術の先生です。彼の授業はとても楽しいです」

1 彼の　　　　　　　　**2** あなたの[あなたたちの]

3 私たちは　　　　　　**4** 彼女の[を]

解説 Mr. ～「～さん，～先生」は男性に使います。したがってスミス先生は男性であることがわかるので，空所には **1** の His「彼の」が入ります。

(15) 解答 **2**

訳 A：「ヒロコ，あなたは毎日テニスをしますか」

B：「はい，します」

解説 A の質問は do you ～? という形であることに注意しましょう。この形の質問には Yes, I do. または No, I don't. と答えます。

63

(16) 解答 **2**

訳
女の子：「これはあなたの新しいコンピューターなの？　いいわね」

男の子：「うん，ぼくはよくそれを使うよ」

1 ぼくはおなかがすいたよ。　**2** ぼくはよくそれを使うよ。
3 君は図書館にいるよ。　　**4** 君はりっぱだよ。

解説
新しいコンピューターが話題になっています。コンピューターについての発言でふさわしいのは，**2** の「ぼくはよくそれを使うよ」で，ほかの選択肢では会話が成り立ちません。**2** にある it は新しいコンピューターをさします。

(17) 解答 **2**

訳
女の子：「こんにちは，私はジェーンよ。あなたは新しい生徒なの？」

男の子：「うん，そうだよ」

1 さようなら。　　　　　　　**2** うん，そうだよ。
3 いや，それはここにないよ。　**4** ぼくはテニスをするよ。

解説
女の子は自分の名前を伝え，続いて「あなたは新しい生徒なの？」とたずねています。2人が初めて会った場面だと考えられます。Are you ～？という形の質問には Yes, I am. または No, I'm not. と答えるのが基本なので **2** が正解です。

(18) 解答 **3**

訳
男の子：「ぼくの英語の教科書が見つからないんだ，お母さん」

母親：「ポール，それはあなたのベッドの上よ」

1 5歳よ。　　　　　　　**2** 朝食の前によ。
3 あなたのベッドの上よ。　**4** とても速いのよ。

解説
母親の発言にある it's の it は，男の子が探している英語の教科書をさします。**3** の on your bed「あなたのベッドの

上に」は場所を表す表現で，教科書がどこにあるかを伝えるのにふさわしい内容です。

(19) 解答 4

訳
男性：「あなたは昼食の後に何をしますか」
女性：「私はお茶を飲みます」
1 私はそれが好きです。 2 私もです。
3 私はうれしいです。 4 私はお茶を飲みます。

解説
男性は「何をするか」と女性にたずねています。したがって，「お茶を飲む」と具体的にすることを答えている **4** が正解です。

(20) 解答 2

訳
男の子：「これらの花はきれいだね」
女の子：「私もそう思うわ」
1 はじめまして。 2 私もそう思うわ。
3 私を手伝ってください。 4 じゃあまた後で。

解説
男の子は花について話しています。**2** の I think so, too. を空所に入れると，女の子が「私もそう思う」と同意する自然な受け答えになります。この so は相手が言った内容をさし，ここでは男の子の「これらの花はきれいだ」という発言全体をさしています。too は「〜もまた」の意味です。

筆 記 3 | 問題編 P65〜66

(21) 解答 2

正しい語順
(My dictionary is in) the desk.

解説
英語の語順の基本は〈主語＋動詞〉なので，主語の My dictionary「私の辞書」で文を始めます。「あります」は be 動詞の is で表し，これを主語の後に続けます。最後に「〜の中に」を意味する in を置いて，文末の the desk につなげます。

(22) 解答 2

正しい語順　(How long is the) English lesson?

解説　「長さ」をたずねる疑問文は How long ～? という形です。疑問文なので, be 動詞の is は主語の前に置きます。最後に the を入れて, the English lesson「その英語のレッスン」という主語を作ります。

(23) 解答 1

正しい語順　(Kate doesn't like rainy days).

解説　動詞 like「～が好きだ」を使って否定文を作る問題です。否定の語 doesn't を like の前に置くことに注意しましょう。目的語の rainy days「雨の日」は like の後に入れます。〈主語＋doesn't＋動詞＋目的語〉という語順になります。

(24) 解答 4

正しい語順　Does (your sister practice baseball after) school?

解説　「野球の練習をする」は「野球を練習する」と考えて, practice「～を練習する」＋baseball「野球」という順番で並べます。「放課後に」は after school と言うので, 最後に after を入れて文末の school とつなげます。

(25) 解答 4

正しい語順　That (volleyball player is from) Italy.

解説　主語は That volleyball player「あのバレーボール選手」です。「～出身です」は〈be 動詞＋from～〉で表すことがカギになります。この文では be 動詞は is なので, is from Italy となります。

リスニング	第**1**部	問題編 P67～69	🔊 ▶MP3 ▶アプリ ▶CD 2 **1**～**11**

〔例題〕　解答 3

放送文　Is this your bag?

1 Sure, I can. 　　　 **2** On the chair.

3 Yes, it is.

放送文の訳 「これはあなたのかばんですか」

1 ええ，ぼくはできます。　**2** いすの上^{うえ}に。

3 はい，そうです。

No.1　解答 ③

放送文　Are these pencils yours?

1 No, I go by bus.

2 See you again.

3 No, they're Kenji's.

放送文の訳 「これらの鉛筆^{えんぴつ}はあなたのものなの？」

1 いいえ，ぼくはバスで行^いきます。

2 また会^あいましょう。

3 いいえ，それらはケンジのものです。

解　説　女性^{じょせい}は「～はあなたのものですか」と質問^{しつもん}しているので，Yes か No で答^{こた}えます。**3** は No と言^いった後^{あと}に they're Kenji's「それらはケンジのものです」と続^{つづ}けていて，これが適切^{てきせつ}な応答^{おうとう}です。they're の they は these pencils をさします。

No.2　解答 ①

放送文　Where does your grandfather live?

1 In New York.　**2** No, he doesn't.

3 This afternoon.

放送文の訳 「あなたのおじいさんはどこに住^すんでいるの？」

1 ニューヨークにだよ。　**2** いや，彼^{かれ}は違^{ちが}うよ。

3 今日^{きょう}の午後^{ごご}だよ。

解　説　女^{おんな}の子^この発言^{はつげん}の最初^{さいしょ}の Where「どこに」をしっかりと聞^きき取^とりましょう。「場所^{ばしょ}」をたずねる質問^{しつもん}なので，In New York.「ニューヨークに」と場所^{ばしょ}を答^{こた}えている **1** が正解^{せいかい}です。

No.3　解答 ②

放送文　Look, this is my new bike.

1 I'm fine. **2** It's very nice.

3 You look great.

「見て，これはぼくの新しい自転車だよ」

1 私は元気よ。 **2** とてもいいわね。

3 あなたはすばらしく見えるわ。

男の子は自転車を話題にしています。正解は「とてもいいわね」と言っている **2** で，It's の It は男の子の自転車をさします。**3** は〈look＋形容詞〉という形で「〜のように見える」を表します。男の子の発言にある look という語を含みますが，適切な応答ではないので注意しましょう。

No.4 解答 ②

放送文 What are you looking at?

1 I'm happy. **2** Pictures of cats.

3 Yes, thanks.

「君は何を見ているんだい？」

1 私はしあわせよ。 **2** 猫の写真よ。

3 うん，ありがとう。

男性は何を見ているかたずねているので，見ているものを答えている **2** が応答として適切です。look at 〜 は「〜を見る」の意味で，ここでは進行形になっています。文の初めの疑問詞を正確に聞き取りましょう。

No.5 解答 ②

放送文 Dad, breakfast is ready.

1 It's her. **2** Thanks, I'm coming.

3 Yes, she is.

「お父さん，朝食が用意できたわ」

1 それは彼女だよ。 **2** ありがとう，今行くよ。

3 うん，彼女はそうだよ。

女の子の「朝食が用意できた」という発言に対して，まず Thanks とお礼を言ってから「今行くよ」と続けている **2** が適切な応答です。I'm coming. は相手のところに「今行

くよ」という意味<ruby>意味<rt>いみ</rt></ruby>です。

No.6 解答 ③

放送文
When is your history test, Brad?

1 With my friend. **2** At school.

3 Tomorrow.

放送文の訳
「あなたの歴史<rt>れきし</rt>のテストはいつなの，ブラッド？」

1 ぼくの友<rt>とも</rt>だちとだよ。 **2** 学校<rt>がっこう</rt>でだよ。

3 明日<rt>あした</rt>だよ。

解説
女性<rt>じょせい</rt>の発言<rt>はつげん</rt>の When「いつ」をしっかりと聞<rt>き</rt>き取<rt>と</rt>ることが重要<rt>じゅうよう</rt>です。「いつ」と聞<rt>き</rt>かれているので「時<rt>とき</rt>」を答<rt>こた</rt>えるのがふさわしく，正解<rt>せいかい</rt>は Tomorrow「明日<rt>あした</rt>」と言<rt>い</rt>っている**3**です。

No.7 解答 ①

放送文
Is your sister a fast runner?

1 No, she isn't. **2** Yes, I am.

3 You, too.

放送文の訳
「君<rt>きみ</rt>のお姉<rt>ねえ</rt>さん[妹<rt>いもうと</rt>さん]は走<rt>はし</rt>るのが速<rt>はや</rt>いの？」

1 いいえ，彼女<rt>かのじょ</rt>はそうではないわ。 **2** ええ，私<rt>わたし</rt>はそうよ。

3 あなたもよ。

解説
男<rt>おとこ</rt>の子<rt>こ</rt>の発言<rt>はつげん</rt>は Is your sister ～？という形<rt>かたち</rt>の質問<rt>しつもん</rt>なので，応答<rt>おうとう</rt>は she を使<rt>つか</rt>って Yes, she is. または No, she isn't. となります。したがって，正解<rt>せいかい</rt>は**1**です。**2**の Yes, I am. は Are you ～？という質問<rt>しつもん</rt>に対<rt>たい</rt>する応答<rt>おうとう</rt>です。男<rt>おとこ</rt>の子<rt>こ</rt>の発言<rt>はつげん</rt>では fast runner「速<rt>はや</rt>いランナー」という語句<rt>ごく</rt>を使<rt>つか</rt>って「走<rt>はし</rt>るのが速<rt>はや</rt>い」という意味<rt>いみ</rt>を表<rt>あらわ</rt>しています。

No.8 解答 ③

放送文
I like your hat.

1 It's 12:30. **2** I don't know.

3 Thank you very much.

放送文の訳
「私<rt>わたし</rt>はあなたの帽子<rt>ぼうし</rt>が気<rt>き</rt>に入<rt>い</rt>ったわ」

1 12時<rt>じ</rt>30分<rt>ぶん</rt>だよ。 **2** ぼくは知<rt>し</rt>らないよ。

3　どうもありがとう。

like は「～が好きである，～を好む」という意味で，女性は男性の帽子をほめていることがわかります。これに対する応答としては，Thank you very much. とお礼を言っている **3** が適切です。

No.9　解答 ②

放送文　Does your father like fishing?

1　It's a river.　　　　**2**　Yes, he does.

3　No, you can't.

放送文の訳　「あなたのお父さんは釣りが好きなの？」

1　それは川だよ。　　　　**2**　うん，彼はそうだよ。

3　いや，君はできないよ。

解説　女の子の発言は Does で始まる疑問文です。ここでは主語が your father なので，応答では he に置きかえて Yes, he does. または No, he doesn't. と答えます。したがって，正解は **2** です。**1** には fishing「釣り」と関連がある river「川」が含まれますが，「それは川だよ」では質問の応答になりません。

No.10　解答 ①

放送文　I'm studying math today.

1　Me, too.　　　　**2**　Yes, I do.

3　Good, thanks.

放送文の訳　「ぼくは今日数学を勉強しているんだ」

1　私もよ。　　　　**2**　ええ，私はそうよ。

3　いいわね，ありがとう。

解説　男の子が電話で I'm studying math「ぼくは数学を勉強している」と言っているのに対して適切な応答は，**1** の Me, too.「私も」です。Me, too. はよく出題されるので，覚えておきましょう。**2** の Yes, I do. は Do you ～? という質問に対する応答なので，ここでは不適切です。**3** のように thanks とお礼を言うのも不自然です。

No.**11** 解答 **3**

放送文 ☆：Are your baseball shoes in your room, John?

★：No, Mom.　They're in my locker at school.

Question: Where are John's baseball shoes?

放送文の訳 ☆：「あなたの野球シューズはあなたの部屋にあるの，ジョン？」

★：「違うよ，お母さん。それは学校のぼくのロッカーにあるよ」

質問の訳 「ジョンの野球シューズはどこにありますか」

選択肢の訳
1　彼の部屋に。　　　　　　2　スポーツ店に。
3　彼のロッカーに。　　　　4　浴室に。

解説 男の子（＝ジョン）の野球シューズについて，女性は「あなたの部屋にあるのか」とたずねています。男の子は No と答えているので，**1** は不正解です。男の子が in my locker at school と言っていることから，**3** が正解です。

No.**12** 解答 **2**

放送文 ★：Is this movie two hours long, Jessica?

☆：Yes, Dad.　It's really funny.

Question: How long is the movie?

放送文の訳 ★：「この映画は 2 時間の長さなのかい，ジェシカ？」

☆：「そうよ，お父さん。それはとてもおもしろいのよ」

質問の訳 「映画はどれくらいの長さですか」

選択肢の訳 1　1時間。　2　2時間。　3　3時間。　4　4時間。

解説 ～ is two hours long は「～は 2 時間の長さだ」という意味で，男性はこれを疑問文にして，映画の時間の長さをたずねています。女の子は Yes と答えているので **2** が正解です。How long ～? は時間や距離の長さをたずねる表現です。

No.**13** 解答 **4**

放送文 ★：Do you play computer games after dinner, Kate?

☆：No, I don't.　I listen to music.

Question: What does Kate do after dinner?

放送文の訳　★：「君は夕食の後にコンピューターゲームをするの，ケイト？」

☆：「いいえ，私はしないわ。私は音楽を聞くのよ」

質問の訳　「ケイトは夕食の後に何をしますか」

選択肢の訳　**1**　彼女はコンピューターゲームをする。
2　彼女は雑誌を読む。
3　彼女は宿題をする。
4　彼女は音楽を聞く。

解説　男の子は「夕食の後にコンピューターゲームをするか」とたずねていますが，女の子（＝ケイト）は No と答えているので **1** は不正解です。女の子は I listen to music. と言っていることから，**4** が正解だとわかります。

No. 14　解答 ③

放送文　☆：My father is a bus driver.

★：Really? My mother is a taxi driver.

Question: Who is a taxi driver?

放送文の訳　☆：「私のお父さんはバスの運転手なのよ」

★：「本当？　ぼくのお母さんはタクシーの運転手なんだ」

質問の訳　「だれがタクシーの運転手ですか」

選択肢の訳　**1**　女の子の母親。　　　　**2**　女の子の父親。
3　男の子の母親。　　　　**4**　男の子の父親。

解説　bus driver「バスの運転手」と taxi driver「タクシーの運転手」，father「父親」と mother「母親」が出てくるので，注意して聞き取りましょう。質問は「だれがタクシーの運転手か」なので，男の子の発言から，**3** が正解です。

No. 15　解答 ②

放送文　☆：How tall is that tower, Dad?

★：It's 360 meters tall.

Question: How tall is the tower?

放送文の訳　☆：「あの塔の高さはどれくらいなの，お父さん？」

★：「それは 360 メートルの高さだよ」

質問の訳	「塔の高さはどれくらいですか」

選択肢の訳	**1** 300メートル。 **2** 360メートル。 **3** 500メートル。 **4** 560メートル。

解説	How tall ～? は高さをたずねる言い方です。男性は塔の高さを three hundred and sixty meters と言っているので，**2**が正解です。3桁の数字の言い方に慣れておきましょう。

リスニング 第**3**部 | 問題編 P71～72 🔊 ▶MP3 ▶アプリ ▶CD 2 **18**～**28**

No.16 解答 **3**

放送文	**1** The baseball bat is 18 centimeters long. **2** The baseball bat is 38 centimeters long. **3** The baseball bat is 83 centimeters long.

放送文の訳	**1** 野球のバットは18センチメートルの長さです。 **2** 野球のバットは38センチメートルの長さです。 **3** 野球のバットは83センチメートルの長さです。

解説	絵の中に数字があるときは，それを英語で何と言うかすぐに思い浮かべるようにしましょう。83 cm とあるので，eighty-three と言っている**3**が正解です。

No.17 解答 **1**

放送文	**1** Susan is riding a bike. **2** Susan is buying a bike. **3** Susan is washing a bike.

放送文の訳	**1** スーザンは自転車に乗っています。 **2** スーザンは自転車を買っています。 **3** スーザンは自転車を洗っています。

解説	3つの英文は riding, buying, washing の部分だけが違います。女の子は自転車に乗っているので，ride「（乗り物）に乗る」の～ing 形を使った**1**が正解です。放送文の

異なる部分を集中して聞き取ることが重要です。

No. 18 解答 ①

放送文
1 A ball is under the chair.
2 A bag is under the chair.
3 A bottle is under the chair.

放送文の訳
1 ボールがいすの下にあります。
2 かばんがいすの下にあります。
3 びんがいすの下にあります。

解説
3つの英文の違いは ball と bag と bottle の部分です。ball は日本語の「ボール」に比べて「ル」の部分がはっきりと聞こえないので注意が必要です。bottle は「バ（ー）トゥル」のように発音し，日本語の「ボトル」とはかなり異なります。

No. 19 解答 ②

放送文
1 Open your textbooks to page 115.
2 Open your textbooks to page 150.
3 Open your textbooks to page 155.

放送文の訳
1 教科書の115ページを開きなさい。
2 教科書の150ページを開きなさい。
3 教科書の155ページを開きなさい。

解説
絵に150という数字があるので，数字に注意して放送文を聞きます。one hundred and fifty と言っている 2 が正解です。1 は one hundred and fifteen「115」と言っていて，fifteen「15」と fifty「50」を聞き分けることがカギです。

No. 20 解答 ②

放送文
1 Mr. Hilton is a police officer.
2 Mr. Hilton is a waiter.
3 Mr. Hilton is a doctor.

放送文の訳
1 ヒルトンさんは警察官です。

2 ヒルトンさんはウェイターです。

3 ヒルトンさんは医者です。

解説　レストランで飲み物を運んでいる様子が描かれているので，男性は waiter「ウェイター」だと考えられます。職業名はほかに nurse「看護師」，teacher「先生」，singer「歌手」なども覚えておきましょう。

No.21 解答 ②

放送文
1 Tony is cleaning his room.

2 Tony is doing his homework.

3 Tony is washing the dishes.

放送文の訳
1 トニーは自分の部屋を掃除しています。

2 トニーは宿題をしています。

3 トニーは皿を洗っています。

解説　絵の男の子は勉強していると考えられるので，**2** が正解だと判断できます。**1** の is cleaning his room の clean は「～を掃除する」，**3** の is washing the dishes の wash は「～を洗う」の意味で，絵の内容と異なります。

No.22 解答 ③

放送文
1 Sally is looking at a penguin.

2 Sally is looking at a sheep.

3 Sally is looking at a rabbit.

放送文の訳
1 サリーはペンギンを見ています。

2 サリーはヒツジを見ています。

3 サリーはウサギを見ています。

解説　動物の名前を聞き取る問題です。ウサギは rabbit と言います。penguin「ペンギン」は「ペングィン」のように発音します。動物の名前はほかに elephant「ゾウ」や mouse「ネズミ」なども覚えておきましょう。

No.23 解答 ③

放送文
1 Jun eats lunch at 12:15.

2 Jun eats lunch at 12:25.

3 Jun eats lunch at 12:45.

1 ジュンは 12 時 15 分に昼食を食べます。

2 ジュンは 12 時 25 分に昼食を食べます。

3 ジュンは 12 時 45 分に昼食を食べます。

解説　時刻は「～時」と「～分」の数字を並べて表します。つまり 12 時 45 分は twelve forty-five と言います。絵に時刻が描かれていたら，すぐにその言い方を考えるようにしましょう。

No. 24　解答　**3**

放送文
1 Emily is sitting on a chair.

2 Emily is sitting on the floor.

3 Emily is sitting on a bed.

放送文の訳
1 エミリーはいすにすわっています。

2 エミリーは床にすわっています。

3 エミリーはベッドにすわっています。

解説　3つの英文は Emily is sitting on までの部分が同じです。そこで「どこにすわっているか」を特に注意して聞きます。絵の女の子はベッドにすわっているので，**3** が正解です。table「テーブル」，wall「壁」，door「ドア」なども聞き取れるようにしておきましょう。

No. 25　解答　**1**

放送文
1 Linda likes science.

2 Linda likes sports.

3 Linda likes singing.

放送文の訳
1 リンダは理科が好きです。

2 リンダはスポーツが好きです。

3 リンダは歌うことが好きです。

解説　絵の女の子は理科の実験をしているので，**1** が正解です。**2** の sports「スポーツ」と **3** の singing「歌うこと」は絵の内容と違うことがわかりやすいので，science「理科，科学」という語を知らない場合も，消去法で正解することができます。

2022-1

筆記解答・解説　　　P78〜85

リスニング解答・解説　　P85〜94

解答一覧

筆記

1

(1)	2	(6)	4	(11)	3
(2)	3	(7)	2	(12)	2
(3)	4	(8)	4	(13)	3
(4)	3	(9)	2	(14)	1
(5)	3	(10)	1	(15)	3

2

(16)	1	(18)	1	(20)	3
(17)	3	(19)	4		

3

(21)	1	(23)	2	(25)	3
(22)	4	(24)	1		

リスニング

第1部

No. 1	2	No. 5	3	No. 9	2
No. 2	1	No. 6	2	No. 10	1
No. 3	1	No. 7	2		
No. 4	2	No. 8	3		

第2部

No. 11	3	No. 13	1	No. 15	3
No. 12	2	No. 14	2		

第3部

No. 16	1	No. 20	1	No. 24	1
No. 17	1	No. 21	2	No. 25	3
No. 18	2	No. 22	3		
No. 19	2	No. 23	3		

(1)　解答　**2**

訳　A：「向こうのあの川を見て，ジャック」
　　B：「わあ！　水がとても青いね」
　　1 クラス　　**2** 川　　**3** 足　　**4** 教科書

解説　A は Look at that 〜「あの〜を見て」と言っています。B が「水がとても青い」と言っていることから，**2**の river「川」が正解だとわかります。over there は「あそこに，向こうに」という意味です。

(2)　解答　**3**

訳　A：「あなたの大好きな色は何ですか」
　　B：「私は赤が好きです」
　　1 牛乳　　**2** くだもの　**3** 色　　**4** ペット

解説　B は red「赤」が好きだと答えているので，A は color「色」についてたずねていると考えられます。favorite は「お気に入りの，大好きな」という意味です。

(3)　解答　**4**

訳　「アダムと私はよく公園へ行きます。私たちはそこで花の絵を描きます」
　　1 〜を読む　　　　　**2** 〜を話す
　　3 〜を言う　　　　　**4** 〜を描く

解説　pictures（picture「絵，写真」の複数形）と結びつく動詞を考えます。draw a picture でペンや鉛筆で「絵を描く」という意味を表します。なお，絵の具で「（絵）を描く」の場合は動詞は paint を使います。また，「写真を撮る」は take a picture と言うので覚えておきましょう。

(4)　解答　**3**

訳　A：「今日は寒いですか」
　　B：「いいえ，日が照っていて暖かいです」

1 背_せの高_{たか}い　**2** 若_{わか}い　　**3** 寒_{さむ}い　　**4** 新_{あたら}しい

解説　B は sunny and warm「日_ひが照_てっていて暖_{あたた}かい」と言_いっています。このことから天候_{てんこう}が話題_{わだい}になっているとわかるので，**3** の cold「寒_{さむ}い」が正解_{せいかい}です。

(5)　解答 ③

訳　A：「あなたは音楽_{おんがく}が好_すきですか，カレン？」

B：「はい，好_すきです。私_{わたし}はバイオリンを弾_ひきます」

1 帽子_{ぼうし}　　　　　　　　　**2** カメラ
3 バイオリン　　　　　　**4** 机_{つくえ}

解説　A の「音楽_{おんがく}が好_すきですか」という問_といに対_{たい}し，B は Yes, I do. と答_{こた}えています。選択肢_{せんたくし}のうち音楽_{おんがく}に関係_{かんけい}のある語_ごは **3** の violin「バイオリン」です。〈play the＋楽器_{がっき}〉「～を弾_ひく，演奏_{えんそう}する」という言_いい方_{かた}はよく出題_{しゅつだい}されます。

(6)　解答 ④

訳　A：「あなたは何_{なに}を作_{つく}っているのですか」

B：「チョコレートクッキーです」

1 寝_ねている　　　　　　　**2** 遊_{あそ}んでいる
3 走_{はし}っている　　　　　　**4** ～を作_{つく}っている

解説　選択肢_{せんたくし}が動詞_{どうし}の～ing なので，A は「何_{なに}を～しているのですか」とたずねています。空所_{くうしょ}に **4** の making（make「～を作_{つく}る」の～ing 形_{けい}）を入_いれると，B の Chocolate cookies. という返答_{へんとう}に自然_{しぜん}につながります。

(7)　解答 ②

訳　A：「あなたは水_{みず}がほしいですか，ケビン？」

B：「はい，お願_{ねが}いします。ぼくはとてものどがかわいています」

1 やわらかい　　　　　　**2** のどがかわいた
3 親切_{しんせつ}な　　　　　　　**4** 新_{あたら}しい

解説　A の「水_{みず}がほしいですか」という問_といかけに，B は Yes, please.「はい，お願_{ねが}いします」と答_{こた}えています。これに続_{つづ}く文_{ぶん}の空所_{くうしょ}にふさわしい選択肢_{せんたくし}は **2** の thirsty「のどがかわいた」です。

79

(8) 解答 **4**

訳　「リュウジは日本人です。彼は大阪の出身です」

1　～といっしょに

2　～について

3　～の下に

4　(be 動詞＋from ～ で)～の出身である

解説　He's は He is の短縮形です。空所の後に Osaka という地名があることに注目しましょう。〈be 動詞＋from＋地名〉で「～の出身だ」という意味を表します。

(9) 解答 **2**

訳　A：「あなたはケーキがほしいですか」

B：「いいえ，けっこうです」

1　～を楽しむ

2　(No, thank you. で)いいえ，けっこうです。

3　～を与える

4　～を話す

解説　A はケーキがほしいかどうかたずねています。これに対して「いいえ」と答えるとき，No. だけでは失礼な感じになり，thank you を加えるとていねいな言い方になります。No, thank you. というまとまりで覚えましょう。

(10) 解答 **1**

訳　A：「こんにちは，グリーンさん」

B：「こんにちは，サラ。中に入ってすわってください」

1　(sit down で)すわる　　2　～を助ける

3　～を歌う　　　　　　　4　聞く

解説　A が B の部屋をたずねてきた場面だと考えられます。come in は「中に入る」という意味です。空所の後にある down と結びつく動詞を考えましょう。sit down で「すわる」の意味になります。

(11) 解答 **3**

訳　A：「あなたの弟さんは何歳ですか」

B：「彼は4歳です」

1 長い　　　　　　　　　　　　**2** くもった

3 （How old ～? で）～は何歳ですか。　**4** たくさんの

解説　Bは「4歳」と答えているので，Aは年齢を聞いているとわかります。年齢をたずねる表現は How old ～? です。How long ～?「どのくらいの長さの～ですか」や How many ～?「いくつの～ですか」など，How を使った疑問文に慣れておきましょう。

(12) 解答 ②

訳　A：「午後に公園へ行こうよ，お父さん」

B：「いいよ」

1 ～の

2 （in the afternoon で）午後に

3 ～で

4 ～の上に

解説　空所の後の the afternoon に注目します。in the afternoon で「午後に」の意味になります。in the morning「朝に，午前中に」と in the evening「夕方に」も覚えておきましょう。また，「夜に」は at night と言います。

(13) 解答 ③

訳　「図書館では食事をしてはいけません」

解説　「食事をしてはいけません」という否定の命令文を作る問題です。否定の命令文は〈Don't＋動詞の原形〉という形になります。この文では最初に Please が付いていて，ていねいな言い方になっています。

(14) 解答 ①

訳　「サリーとパティーは仲のよい友だちです。彼女たちはいっしょにジョギングをしに行きます」

解説　be 動詞の正しい形を選ぶ問題です。この文の主語は Sally and Patty で複数なので，be 動詞は **1** の are になります。

(15) 解答 3

訳　A：「このノートはあなたのもの[あなたたちのもの]ですか」
　　B：「いいえ，それはヘレンのです」

1　私（わたし）の
2　彼女（かのじょ）の[を]
3　あなたのもの[あなたたちのもの]
4　私（わたし）たちの

解説　**3**の yours「あなたのもの[あなたたちのもの]」以外（いがい）では文法的（ぶんぽうてき）に正（ただ）しい文（ぶん）になりません。空所（くうしょ）に yours を入（い）れた「～はあなたのもの[あなたたちのもの]か」という質問（しつもん）は，Bの返答（へんとう）に自然（しぜん）につながります。

筆　記	**2**	問題編 P77〜78

(16) 解答 1

訳　先生（せんせい）：「君（きみ）の歴史（れきし）の教科書（きょうかしょ）はどこにあるんだい，ベン？」
　　生徒（せいと）：「すみません。それは家（いえ）にあります」

1　それは家（いえ）にあります。
2　大丈夫（だいじょうぶ）です。
3　ぼくは学校（がっこう）へ行（い）きます。
4　ぼくはそれを読（よ）みます。

解説　先生（せんせい）は Where is ～?「～はどこにあるか」と聞（き）いています。したがって，at home「家（いえ）に」と「場所（ばしょ）」を答（こた）えている**1**が正解（せいかい）です。

(17) 解答 3

訳　女（おんな）の子（こ）1：「私（わたし）は体育館（たいいくかん）にいるあの男（おとこ）の人（ひと）を知（し）らないわ。彼（かれ）の名（な）前（まえ）は何（なに）？」
　　女（おんな）の子（こ）2：「ウィリアムズ先生（せんせい）よ」

1　元気（げんき）？
2　彼（かれ）のカメラはどこにあるの？
3　彼（かれ）の名前（なまえ）は何（なに）？
4　あなたはいつプレーするの？

女の子2が Mr. Williams. と名前を答えていることがポイントです。空所に **3** の What's his name?「彼の名前は何？」を入れると，女の子2の応答に自然につながります。

(18) 解答 ①

訳 父親：「ブレンダ，寝る時間だよ」
女の子：「わかったわ。おやすみなさい，お父さん」

1 寝る時間だよ。　　　　**2** 大丈夫だよ。
3 これを見なさい。　　　**4** 夕食に来なさい。

解説 女の子が Good night「おやすみなさい」と言っていることから，空所には **1** の it's time for bed.「寝る時間だよ」が入ると判断できます。it's time for ～ は「～の時間だ」という意味です。

(19) 解答 ④

訳 母親：「行ってらっしゃい。学校で楽しんできてね」
男の子：「行ってきます。今晩またね」

1 それはプールにあるよ。　**2** どういたしまして。
3 ぼくは宿題があるよ。　　**4** 今晩またね。

解説 母親が Have a good day at school.「学校で楽しんできてね」と言っていることから，男の子が学校に出かける場面だとわかります。**4** が正解で，See you は「またね」という別れのあいさつです。ここでは後に this evening「今晩」が付いています。

(20) 解答 ③

訳 母親：「あなたはどんな飲み物がほしい？」
女の子：「オレンジジュースをちょうだい」

1 2個の卵よ。
2 ええ，夜に。
3 オレンジジュースをちょうだい。
4 毎週末に。

解説 母親は What drink「どんな飲み物」がほしいかたずねて

います。したがって，Orange juice「オレンジジュース」と飲み物の種類を答えている **3** が正解です。

| 筆 記 | **3** | 問題編 P79〜80 |

(21) 解答 ①

正しい語順　(Mr. Walker washes his car on) Saturdays.

解説　〈主語＋動詞＋目的語〉という基本の語順にしたがって語句を並べます。washes は wash「〜を洗う」に es が付いた形です。最後に on を置いて Saturdays とつなげます。

(22) 解答 ④

正しい語順　(Can you use the Internet) at school?

解説　「あなたは〜を使えますか」という疑問文なので，Can you で文を始めます。その後に「インターネットを使う」にあたる use the Internet を続けます。

(23) 解答 ②

正しい語順　My piano lesson (is from four thirty to) five o'clock.

解説　主語の My piano lesson の後に「〜です」にあたる is を続けます。「〜から…まで」は〈from 〜 to ...〉で表すので，from four thirty to という順番になります。

(24) 解答 ①

正しい語順　(Which cap do you) like?

解説　「どちらの帽子」を意味する Which cap が文の最初にくることに注意しましょう。疑問文なので，その後は〈do＋主語＋動詞〉という順番にします。

(25) 解答 ③

正しい語順　This library (has a lot of interesting) books.

解説　日本文は「この図書館には〜がたくさんあります」ですが，This library が主語になっているので，「この図書館はたくさんの〜を持っている」という文を作りましょう。「たく

84

さんの〜」は a lot of 〜 で表します。

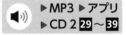
〔例題〕 解答 **3**

放送文 Is this your bag?
1 Sure, I can. **2** On the chair.
3 Yes, it is.

放送文の訳 「これはあなたのかばんですか」
1 ええ，ぼくはできます。 **2** いすの上に。
3 はい，そうです。

No.1 解答 **2**

放送文 What color do you like?
1 Science. **2** Purple.
3 Hot dogs.

放送文の訳 「あなたは何色が好き？」
1 理科だよ。 **2** 紫だよ。
3 ホットドッグだよ。

解説 女の子の発言の最初の What color「何色」をしっかりと聞き取るようにしましょう。色について答えている **2** の Purple. が正解です。

No.2 解答 **1**

放送文 Excuse me. Are you Ms. Gordon?
1 No, I'm Sarah Taylor.
2 No, you don't.
3 I see.

放送文の訳 「すみません。あなたはゴードンさんですか」
1 いいえ，私はサラ・テイラーです。
2 いいえ，あなたは違います。
3 わかりました。

| 解説 | 男の子は Are you 〜?「あなたは〜ですか」と相手がだれかをたずねています。No に続けて I'm 〜. と自分の名前を言っている **1** が正解です。**2** は No の後が質問とかみ合わず，不正解です。 |

No.3 解答 ①

放送文	Brush your teeth, Brian.

1 All right, Mom.   **2** No, they aren't.

3 That's all.

放送文の訳	「歯をみがきなさい，ブライアン」

1 わかったよ，お母さん。   **2** いいや，それらは違うよ。

3 それで全部だよ。

解説	brush *one's* teeth は「歯をみがく」という意味です。英文は「〜しなさい」という命令文で，命令文に対する応答になっているのは All right「わかったよ」と言っている **1** です。

No.4 解答 ②

放送文	What do you do on weekends?

1 With my family.   **2** I play tennis.

3 I like it.

放送文の訳	「君は毎週末に何をするの？」

1 私の家族とよ。   **2** 私はテニスをするわ。

3 私はそれが好きよ。

解説	on weekends は「毎週末に」という意味です。男性は「君は毎週末に何をするの」とたずねているので，何をするか答えている **2** の I play tennis. が正解です。

No.5 解答 ③

放送文	Who is playing the piano?

1 At home.   **2** Yes, he is.

3 My classmate.

放送文の訳	「だれがピアノを弾いているの？」

1 家でよ。　　　　　　　**2** ええ，彼はそうよ。

3 私のクラスメートよ。

解説　男の子の発言の最初の Who「だれ」をしっかりと聞き取りましょう。「だれ」という質問なので，どんな人かを答えている **3** が正解です。

No.6　解答 ②

放送文　Do you have an eraser, Meg?

1 I can't write.　　　　**2** Sorry, I don't.

3 I usually walk.

放送文の訳　「君は消しゴムを持っているかい，メグ？」

1 私は書けないわ。

2 ごめんなさい，私は持っていないわ。

3 私はたいてい歩くわ。

解説　Do you 〜? の形の質問には Yes, I do. か No, I don't. で答えるのが基本ですが，選択肢にはどちらもありません。**2** は Sorry「ごめんなさい」と言った後に I don't と続けていて，この場面で No, I don't. のかわりに使える表現です。

No.7　解答 ②

放送文　How many baseball gloves do you have?

1 By bike.　　　　　　**2** Only one.

3 My favorite player.

放送文の訳　「あなたはいくつの野球のグローブを持っているの？」

1 自転車でだよ。　　　　**2** 1つだけだよ。

3 ぼくの大好きな選手だよ。

解説　How many 〜? は「いくつの〜ですか」という意味です。したがって，数字を答えている **2** が正解です。**2** では数字の one の前に only「〜だけ」が付いている点に注意しましょう。

No.8　解答 ③

放送文　Can you speak Japanese?

1 No, it's not.   **2** It's my dictionary.

3 Yes, a little.

「あなたは日本語が話せるの？」

1 いや，それは違うよ。   **2** それはぼくの辞書だよ。

3 うん，少し。

解 説 女の子は Can you ～?「あなたは～できますか」と質問しています。**3**は Yes の後に a little「少し（＝少し話せる）」と付け加えていて，これが正解です。**1**の it's not は Can you ～? という質問の返答になりません。

No.9 解答 ②

放送文 When is your basketball practice?

1 At school.   **2** On Wednesday.

3 In my club.

放送文の訳 「君のバスケットボールの練習はいつなんだい？」

1 学校でよ。   **2** 水曜日よ。

3 私のクラブでよ。

解 説 男性の発言の最初の When「いつ」をしっかりと聞き取ることがカギです。**2**は On Wednesday.「水曜日」と曜日を答えていて，When を使った質問に対する適切な応答です。

No.10 解答 ①

放送文 Thank you for the present, Tom!

1 You're welcome.   **2** At the shop.

3 I'm fine.

放送文の訳 「プレゼントをありがとう，トム！」

1 どういたしまして。   **2** 店でだよ。

3 ぼくは元気だよ。

解 説 女性は Thank you for ～「～をありがとう」と，プレゼントをもらったお礼を言っています。お礼に対しては**1**の You're welcome.「どういたしまして」で答えます。

No. 11 解答 **3**

放送文 ★：Is your piano lesson at 4:30 today, Jennifer?

☆：No.　My lesson is at five today.

Question: What time is Jennifer's piano lesson today?

放送文の訳 ★：「君のピアノのレッスンは今日は4時30分なの, ジェニファー?」

☆：「ううん。私のレッスンは今日は5時よ」

質問の訳 「ジェニファーのピアノのレッスンは今日は何時ですか」

選択肢の訳
1　4時に。　　　　　　　2　4時30分に。
3　5時に。　　　　　　　4　5時30分に。

解 説 女の子（＝ジェニファー）の今日のピアノのレッスンについて, 男の子は「4時30分か」とたずねています。女の子は No. と答え, 2つ目の文で at five と言っているので, **3** が正解です。

No. 12 解答 **2**

放送文 ★：Is Mr. Smith's birthday next week, Yuko?

☆：No.　It's tomorrow.

Question: When is Mr. Smith's birthday?

放送文の訳 ★：「スミスさんの誕生日は来週ですか, ユウコ?」

☆：「いいえ。それは明日です」

質問の訳 「スミスさんの誕生日はいつですか」

選択肢の訳 1　今日。　2　明日。　3　来週。　4　来月。

解 説 男性の「～は来週ですか」という質問に女性は No. と答えているので, **3** を選ばないようにしましょう。女性は It's tomorrow. と言っているので, **2** が正解です。

No. 13 解答 **1**

放送文 ★：Laura, are you doing your homework?

☆：No, Dad.　I'm writing a letter.

Question: What is Laura doing?

放送文の訳 ★：「ローラ，君は宿題をしているのかい？」

☆：「違うわ，お父さん。私は手紙を書いているのよ」

質問の訳 「ローラは何をしていますか」

選択肢の訳 **1** 手紙を書いている。

2 友だちに電話をかけている。

3 本を読んでいる。

4 宿題をしている。

解　説 男性は「宿題をしているのか」と聞いていて，女の子は No と答えています。したがって **4** は不正解です。女の子は I'm writing a letter. と言っているので，**1** が正解です。

No. 14 解答 ②

放送文 ★：I have a new hamster. Do you have any pets?

☆：Yes, Paul. I have a cat and a fish.

Question: What does Paul have?

放送文の訳 ★：「ぼくは新しいハムスターを飼っているよ。君はペットを飼っているの？」

☆：「ええ，ポール。私は猫と魚を飼っているわ」

質問の訳 「ポールは何を飼っていますか」

選択肢の訳 **1** ウサギ。　　　　　　　　**2** ハムスター。

3 猫。　　　　　　　　　　**4** 魚。

解　説 対話には男の子（＝ポール）と女の子のそれぞれが飼っている動物が出てきますが，質問は「ポールは何を飼っているか」です。男の子は I have a new hamster. と言っているので，**2** が正解です。

No. 15 解答 ③

放送文 ★：I have two sisters. How about you, Jane?

☆：I have one. She's three years old.

Question: How old is Jane's sister?

放送文の訳 ★：「ぼくには 2 人の姉妹がいるよ。君はどう，ジェーン？」

90

☆：「私には1人いるわ。彼女は3歳よ」

質問の訳 「ジェーンの妹は何歳ですか」

選択肢の訳 **1** 1歳。　　**2** 2歳。　　**3** 3歳。　　**4** 4歳。

解説 How old ~? は「～は何歳ですか」という意味で，質問ではジェーンの妹の「年齢」がたずねられています。正解は **3** です。対話に出てくる数字のうち，two は男の子の姉妹の「人数」，one は女の子の姉妹の「人数」なので，間違えないようにしましょう。

| リスニング | 第**3**部 | 問題編 P85～86 | 🔊 | ▶MP3 ▶アプリ ▶CD 2 46～56 |

No.16 解答 **1**

放送文
1 Neil goes to work by subway every morning.
2 Neil goes to work by bike every morning.
3 Neil goes to work by car every morning.

放送文の訳
1 ニールは毎朝，地下鉄で仕事に行きます。
2 ニールは毎朝，自転車で仕事に行きます。
3 ニールは毎朝，車で仕事に行きます。

解説 〈by＋乗り物〉は「～で」という交通手段を表します。絵を見ると男性は地下鉄の駅にいると考えられるので，by subway「地下鉄で」と言っている **1** が正解です。

No.17 解答 **1**

放送文
1 Josh is in a museum.
2 Josh is in a library.
3 Josh is in a station.

放送文の訳
1 ジョシュは美術館にいます。
2 ジョシュは図書館にいます。
3 ジョシュは駅にいます。

解説 絵には彫刻や絵画と思われるものが描かれているので，ここは「美術館」だと判断できます。museum は真ん中の se

の部分にアクセントがあるので注意しましょう。なお，museum は「博物館」も意味します。

No. 18 解答 ②

放送文
1 The knife is under the plate.
2 The knife is on the plate.
3 The knife is by the plate.

放送文の訳
1 ナイフは皿の下にあります。
2 ナイフは皿の上にあります。
3 ナイフは皿のそばにあります。

解説
場所を表す前置詞がカギとなる問題です。ナイフは皿の上にのっているので，**2** が正解です。under「～の下に」や by「～のそばに」のほか，in「～の中に」もよく出題されます。

No. 19 解答 ②

放送文
1 The students have P.E. class this morning.
2 The students have art class this morning.
3 The students have math class this morning.

放送文の訳
1 生徒たちは今日の午前中，体育の授業があります。
2 生徒たちは今日の午前中，美術の授業があります。
3 生徒たちは今日の午前中，数学の授業があります。

解説
3つの英文は科目を表す語だけが違っています。P.E. は「体育」，art は「美術」，math は「数学，算数」です。絵を描いていることから，美術の授業中だと考えられるので，**2** が正解です。

No. 20 解答 ①

放送文
1 The man is singing in the concert.
2 The man is watching the concert.
3 The man is going to the concert.

放送文の訳
1 男性はコンサートで歌っています。
2 男性はコンサートを見ています。
3 男性はコンサートに行くところです。

解　説	〈be 動詞＋〜ing〉で「〜している（ところだ）」を意味します。男性は歌っているので，sing「歌う」という動詞を使って is singing「歌っている」と言っている **1** が正解です。

No. 21 解答 ②

放送文	1 The tree is 14 meters tall. 2 The tree is 40 meters tall. 3 The tree is 140 meters tall.
放送文の訳	1 その木は 14 メートルの高さです。 2 その木は 40 メートルの高さです。 3 その木は 140 メートルの高さです。
解　説	数字を聞き取る問題です。絵に「40 m」と描かれているので，40 (forty) と言っている **2** が正解です。14 (fourteen) としっかりと聞き分けることが重要です。

No. 22 解答 ③

放送文	1 Helen is studying in the library. 2 Helen is studying in the classroom. 3 Helen is studying in her bedroom.
放送文の訳	1 ヘレンは図書館で勉強しています。 2 ヘレンは教室で勉強しています。 3 ヘレンは自分の寝室で勉強しています。
解　説	女の子の後ろにはベッドがあります。したがって，女の子がいるのは **1** の library「図書館」や **2** の classroom「教室」ではなく，**3** の bedroom「寝室」だとわかります。

No. 23 解答 ③

放送文	1 It's hot today. 2 It's rainy today. 3 It's cold today.
放送文の訳	1 今日は暑いです。 2 今日は雨が降っています。

3 今日は寒いです。

解　説

3つの英文は天候を表す語の hot「暑い」，rainy「雨降りの」，cold「寒い」だけが違います。絵では雨は降っておらず，風が吹いていて厚着の男性がふるえていることから，cold と言っている **3** が正解だとわかります。

No.24 解答 ①

放送文

1 It's 6:25 in the morning.

2 It's 6:35 in the morning.

3 It's 6:45 in the morning.

放送文の訳

1 午前6時25分です。

2 午前6時35分です。

3 午前6時45分です。

解　説

絵の中で時刻が示されていたら，その時刻を英語で何と言うかすぐに思い浮かべる練習をしましょう。「6時25分」は six twenty-five と言います。

No.25 解答 ③

放送文

1 Jimmy can dance well.

2 Jimmy can swim well.

3 Jimmy can ski well.

放送文の訳

1 ジミーはじょうずに踊れます。

2 ジミーはじょうずに泳げます。

3 ジミーはじょうずにスキーができます。

解　説

絵の男性はスキーをしているので，**3** が正解です。**3** に出てくる ski は「スキーをする」という動詞です。

2021-3

解答一覧

筆記

1

(1)	1	(6)	2	(11)	3
(2)	2	(7)	2	(12)	1
(3)	4	(8)	3	(13)	1
(4)	3	(9)	2	(14)	4
(5)	4	(10)	4	(15)	3

2

(16)	2	(18)	4	(20)	2
(17)	1	(19)	3		

3

(21)	4	(23)	1	(25)	3
(22)	2	(24)	1		

筆記解答・解説 P96～102

リスニング解答・解説 P103～112

リスニング

第1部

No. 1	3	No. 5	1	No. 9	3
No. 2	1	No. 6	1	No. 10	2
No. 3	3	No. 7	1		
No. 4	2	No. 8	2		

第2部

No. 11	4	No. 13	1	No. 15	4
No. 12	2	No. 14	1		

第3部

No. 16	1	No. 20	1	No. 24	3
No. 17	2	No. 21	2	No. 25	2
No. 18	1	No. 22	1		
No. 19	3	No. 23	3		

(1)　解答 **1**

訳

A:「ジャネット，これはぼくのおばあちゃんの写真のアルバムだよ」

B:「わあ！　とてもすてきね」

1　アルバム　　　　　　　2　昼食

3　ハーモニカ　　　　　　4　切符

解説

here is 〜は目の前にあるものについて「ここに〜がある」「ほら，これが〜だ」と示す言い方です。空所の前にある photo「写真」と自然につながる語を考えると，**1**の album が適切です。

(2)　解答 **2**

訳

A:「こんにちは，ぼくの名前はピーターだよ」

B:「こんにちは，ピーター。私はジュンコよ。会えてうれしいわ」

1　歩く　　　　　　　　　2　〜に会う

3　〜を書く　　　　　　　4　〜を楽しむ

解説

2人はたがいに自分の名前を伝えています。Nice to meet you. で「会えてうれしいです」「初めまして」という初対面のあいさつになります。決まり文句なのでまるごと覚えておきましょう。

(3)　解答 **4**

訳

A:「君はなにかペットを飼っているの，ケリー？」

B:「ええ。私は2匹のイヌと1匹のウサギを飼っているわ」

1　ドア　　　2　コイン　　　3　口　　　　　4　ウサギ

解説

ペットが話題で，ここでの have は「（動物）を飼っている」という意味です。B は「2匹のイヌと1匹の（　　）を飼っている」と言っているので，空所には動物を表す語が入るとわかります。

(4) 解答 ③

A：「あなたの理科のテストはいつなの，ジム？」
B：「次の月曜日だよ，お母さん」
1 速い **2** 元気で **3** 次の **4** ひまな

A は When「いつ」と質問しています。その答えとなるように，空所の後にある Monday「月曜日」と結びつく語を考えます。next Monday で「次の月曜日」という意味です。

(5) 解答 ④

「4月は1年で4番目の月です」
1 1番目の **2** 2番目の **3** 3番目の **4** 4番目の

月の名前と序数（順番を表す語）に関する問題です。April は「4月」なので，正解は **4** の fourth です。これと同じ形式の問題はよく出題されるので，月の名前と序数を確実に覚えておきましょう。

(6) 解答 ②

「ジュリーは美術が好きです。彼女はよく母親といっしょに美術館[博物館]へ行きます」
1 魚 **2** 美術館[博物館]
3 果物 **4** 鉛筆

goes to a ～ から，空所には場所を表す語が入るとわかります。選択肢のうち **2** の museum だけが場所を表します。1つ目の文で「美術が好き」と言っていることからも，美術と関連がある museum が正解だと確認できます。

(7) 解答 ②

「私の母は日本語と英語を話します」
1 住む **2** ～を話す **3** ～を洗う **4** ～を見る

空所の後に Japanese and English「日本語と英語」とあることに注目しましょう。これらと自然に結びつく動詞は **2** の speaks「～を話す」です。

(8)　解答 **3**

訳　「フレッドはいつも朝食の前にシャワーを浴びます」

1　～を読む

2　行く

3　（take a shower で）シャワーを浴びる

4　聞く

解 説　a shower「シャワー」と結びつく動詞を考えます。take にはさまざまな使い方がありますが，take a shower で「シャワーを浴びる」という意味になります。take a bath「風呂に入る」も覚えておきましょう。

(9)　解答 **2**

訳　A：「君は自分の歴史のノートを持っているかい，マーク」

B：「いや，スコット。それは家にあるよ」

1　～といっしょに　　　　**2**　（at home で）家に

3　～の　　　　　　　　　**4**　～へ

解 説　「ノートを持っているか」という A の問いに B は No と答えています。空所に at を入れると「それ（＝歴史のノート）は家にある」という意味の文になり，自然につながります。at home というまとまりで覚えておきましょう。

(10)　解答 **4**

訳　「ジェームズは毎日ジョギングに行きます」

1　時計　　　　　　　　　**2**　手紙

3　腕時計　　　　　　　　**4**　（every day で）毎日

解 説　every は「毎～，～ごとに」という意味で，every day で「毎日」を表します。every day の形で覚えておきましょう。

(11)　解答 **3**

訳　A：「あなたのサッカーの練習はどのくらいの長さなの，ジョン？」

B：「1 時間だよ」

1　寒い

2　大きい

3 （How long で）どのくらい長い

4 すばらしい

解説　B が one hour「1時間」と答えている点に注目しましょう。A は時間の長さをたずねていると考えられます。**3** の long を使って，How long 〜? とすると，「どのくらい長い〜，どのくらいの長さ〜」とたずねる表現になります。

(12) 解答 **1**

訳　A：「エイミーは自分の部屋で勉強しているの？」

B：「いいえ，彼女はベッドで寝ているわ」

1 （in bed で）ベッドで　　**2** ドア

3 テーブル　　　　　　　**4** カップ

解説　B は she's sleeping「彼女は寝ている」と言っています。寝る場所としてふさわしい選択肢は **1** の bed です。in bed という形で覚えておきましょう。

(13) 解答 **1**

訳　「ビルはスポーツが好きです。彼はとても速く泳ぐことができます」

解説　空所を含む文の主語は He なので，動詞にはふつう s（または es）を付けます。ただし，この文では can「〜できる」という語があることが重要です。can の後では動詞は必ず原形になるので注意しましょう。

(14) 解答 **4**

訳　A：「あなたは野球が好きなの，マイク？」

B：「そうだよ，カレン。でもぼくの兄［弟］は好きではないんだ」

解説　my brother「ぼくの兄［弟］」は単数（1人）なので，これに続けられる語は **1** の isn't か **4** の doesn't です。ここでは like「〜が好きだ」という動詞を否定する内容の文なので，is を否定する形の isn't は使えません。

(15) 解答 **3**

訳　「私には2人の姉［妹］がいます。私は彼女たちをとても好きです」

1 私を　　　　　　　　　**2** あなたは［を］

| 解説 | 空所には1つ目の文の two sisters をさす語が入ります。two sisters は複数形なので，正しい選択肢は **3** の them だとわかります。them には「彼らを，それらを」の意味もあります。

| **筆　記** | **2** | 問題編 P91～92 |

(16) 解答 **2**

| 訳 | 女の子：「これはあなたの帽子なの，ハリー？」
男の子：「うん，それはぼくのものだよ。ありがとう」

1 いや，ぼくはそうでないよ。

2 うん，それはぼくのものだよ。

3 うん，ぼくはできるよ。

4 いや，君は違うよ。

| 解説 | 女の子は Is this ～? という形で hat「帽子」について質問しています。帽子をさす this を it で言い換えている **2** が正解です。mine「ぼくのもの」は my hat「ぼくの帽子」を表します。

(17) 解答 **1**

| 訳 | 母親：「あなたの美術部には何人の生徒がいるの？」
女の子：「ごめんなさい，私はわからないの」

1 私はわからないの。　　**2** それは大丈夫よ。

3 私はそれが好きよ。　　**4** それはきれいよ。

| 解説 | How many ～? は「何人[いくつ]の～？」と数をたずねる表現です。人数を聞かれた女の子は Sorry「ごめんなさい」と言っているので，その後には **1** の I don't know. を続けるのが自然です。

(18) 解答 **4**

| 訳 | 男の子：「君はいつ英語を勉強するの？」

女の子：「学校の前によ」

1 私の友だちとよ。　　　　**2** 2時間よ。

3 バスでよ。　　　　**4** 学校の前によ。

解　説 When「いつ」と時をたずねているので，「学校の前に（＝学校へ行く前に）」と時を答えている **4** が正解です。**2** の For two hours. は「時間の長さ」を表すため，ここでは不適切です。

(19) 解答 ③

訳　男の子：「ぼくは今学校に行くよ，お母さん」
　　母親：「じゃあね，テツ。楽しんできてね」

1 お米を食べなさい。

2 それはここにないわ。

3 楽しんできてね。

4 それはあなたのためによ。

解　説　Have a good time. は「よい時を持ちなさい」→「楽しんできてね，いってらっしゃい」という意味を表します。親が子どもを学校に送り出す場面などでよく使われる表現です。

(20) 解答 ②

訳　女の子：「あなたは私の新しいTシャツを気に入った，スティーブ？」
　　男の子：「うん，それはかわいいね」

1 ぼくはよくそこへ行くよ。

2 それはかわいいね。

3 ぼくはここにいるよ。

4 それはその店のそばにあるよ。

解　説　「気に入った？」と聞かれて男の子は Yes と答えています。**2** の「それはかわいい」は女の子のTシャツをほめる内容なので，Yes に自然につながります。

(21) 解答 **4**

正しい語順 (What time do you) go home after school?

解説 「何時に」とたずねるときは What time で文を始めます。疑問文なので〈do you + 動詞〉という分を続けましょう。「家に帰る」は go home で表します。

(22) 解答 **2**

正しい語順 Let's (do our homework in) the living room.

解説 「宿題をする」は do one's homework で、one's の部分には my や his などが入ります。ここでは日本文にありません が、「私たちの」を入れます。「~しましょう」は〈Let's + 動詞の原形〉で表すので、Let's の後に do our homework を続けます。

(23) 解答 **1**

正しい語順 (Our homeroom teacher is) Mr. Endo.

解説 「担任(の先生)」は homeroom teacher で表します。「私たちの担任」は Our homeroom teacher で、これが 主語になります。そして、「~です」にあたる is を続けます。

(24) 解答 **1**

正しい語順 Bill (and Tom are good) friends.

解説 主語は Bill and Tom で、「仲よしです」は be good friends 「よい友だちです」で表すことができます。

(25) 解答 **3**

正しい語順 Jane (gets up at seven) every morning.

解説 「起きる」は get up で表します。したがって、主語の Jane の直後に gets up を置きます。「~時に」は〈at + 数字 (+ o'clock)〉で表すので、「7時に」を意味する at seven を続けます。

〔例題〕 解答 **3**

放送文　Is this your bag?

1 Sure, I can. 　　**2** On the chair.

3 Yes, it is.

放送文の訳　「これはあなたのかばんですか」

1 ええ，ぼくはできます。　**2** いすの上に。

3 はい，そうです。

No.1 解答 **3**

放送文　Hi, Beth. How's your mother?

1 Me, too. 　　**2** You're welcome.

3 Good, thanks.

放送文の訳　「やあ，ベス。お母さんはどう？」

1 私もよ。　　　　**2** どういたしまして。

3 元気よ，ありがとう。

解説　How's 〜? は「〜はどうですか」と様子や具合をたずねる表現なので，Good「よい，元気だ」と答えて thanks とお礼を付け加えている **3** が正解です。

No.2 解答 **1**

放送文　I'm from Japan. How about you?

1 I'm from Australia.

2 It's in June.

3 No, it isn't.

放送文の訳　「私は日本の出身です。あなたはどうですか」

1 私はオーストラリアの出身です。

2 それは6月にあります。

3 いいえ，それはそうではありません。

解説　〈I'm from ＋地名〉は出身地を表す言い方です。女性は自分の出身地を言ってから How about you?「あなたはど

うですか」とたずねているので，男性の出身地を聞いていることがわかります。したがって **1** が正解です。

No. 3　解答 ③

What time does the music show start?

1 At home.　　　　　**2** It's four dollars.

3 At nine.

「その音楽ショーは何時に始まるの？」

1 家でだよ。　　　　　**2** それは4ドルだよ。

3 9時にだよ。

女性の発言の初めの What time「何時」をしっかりと聞き取ることがカギです。時刻をたずねているので，時刻を答えている **3** が正解です。

No. 4　解答 ②

Do you like English, Takeshi?

1 Me, too.　　　　　**2** Of course.

3 It's mine.

「あなたは英語が好きなの，タケシ？」

1 ぼくもだよ。　　　　　**2** もちろん。

3 それはぼくのだよ。

Do you ～? の形の質問には Yes か No で答えるのが基本ですが，選択肢の中にはどちらもありません。そこで，それ以外の表現で適切な応答になるものを考えます。**2** の Of course.「もちろん（好きだよ）」が正解です。

No. 5　解答 ①

What do you do on weekends?

1 I play badminton.

2 At one o'clock.

3 That's right.

「君は週末に何をするの？」

1 私はバドミントンをするわ。

2 1時によ。

3 そのとおりよ。

> **解説** 男の子の発言の初めの What「何」を確実に聞き取りましょう。男の子は「何をするのか」とたずねているので，「バドミントンをする」と言っている **1** がふさわしい応答です。

No.6 解答 ①

> **放送文** When do you have your piano lessons?
> **1** On Saturdays. **2** Black and white.
> **3** That's my teacher.

> **放送文の訳** 「君はいつピアノのレッスンがあるの？」
> **1** 毎週土曜日によ。 **2** 黒と白よ。
> **3** あの人は私の先生よ。

> **解説** 男の子は When「いつ」と時をたずねているので，いつなのかを答えている **1** が正解です。〈on + 曜日の名前〉で「～曜日に」を表し，曜日の名前が複数形になると「毎週～曜日に」の意味になります。

No.7 解答 ①

> **放送文** Are these books yours, Grandpa?
> **1** Yes, they are. **2** Sure, I can.
> **3** Every day.

> **放送文の訳** 「これらの本はあなたのものなの，おじいちゃん？」
> **1** うん，そうだよ。 **2** もちろん，できるよ。
> **3** 毎日だよ。

> **解説** 主語の these books について，yours「あなたのもの」かどうかをたずねているので，Yes か No で答えるのがふつうです。したがって **1** が正解です。**1** の they は these books をさしています。**2** のように，I を主語にすると，質問と結びつかない応答になります。

No.8 解答 ②

> **放送文** Does your sister play table tennis?
> **1** No, I'm not. **2** No, she doesn't.

3 No, it isn't.

放送文の訳 「君のお姉さん[妹さん]は卓球をするの？」

1 いいえ，私は違うわ。　　**2** いいえ，彼女はしないわ。

3 いいえ，それは違うわ。

解説 Does your sister ～? という形に注意しましょう。応答は Yes, she does. か No, she doesn't. だとわかります。table tennis は「卓球」ですが，意味を知らなくても質問の形から正解にたどり着けます。

No. 9　解答 ③

放送文 Where is our teacher?

1 This is my textbook.

2 I like math.

3 He's in the teachers' room.

放送文の訳 「私たちの先生はどこにいるの？」

1 これはぼくの教科書だよ。

2 ぼくは数学が好きだよ。

3 彼は職員室にいるよ。

解説 女の子は Where「どこ（に）」と質問しているので，場所を答えている応答を選びます。**3** では in the teachers' room「職員室に」のように，in を使って場所を表しています。

No. 10　解答 ②

放送文 I want a new pencil case.

1 Thank you.　　　　**2** I do, too.

3 In my bag.

放送文の訳 「私は新しい筆箱がほしいわ」

1 ありがとう。　　　　**2** ぼくもだよ。

3 ぼくのかばんの中にだよ。

解説 女の子は「新しい筆箱がほしい」と言っているので，**1** と **3** は不自然な応答です。**2** の do は同じ動詞を繰り返すかわり

に使われていて，I do, too. はここでは I want a new pencil case, too. という内容を表します。

| リスニング | 第**2**部 | 問題編 P98 | 🔊 | ▶ MP3 ▶ アプリ
▶ CD 2 **68**〜**73** |

No.**11** 解答 **4**

（放送文）★：How much are these boots?

☆：They are eighty dollars.

Question: How much are the boots?

（放送文の訳）★：「このブーツはいくらですか」

☆：「それは 80 ドルです」

（質問の訳）「ブーツはいくらですか」

（選択肢の訳）**1** 8 ドル。 **2** 18 ドル。 **3** 28 ドル。 **4** 80 ドル。

（解説）数字を聞き取る問題です。How much 〜? は「〜はいくらですか」という意味で，boots は左右で 1 足なので複数形になっています。eighteen「18」と eighty「80」を特にしっかりと聞き分けましょう。

No.**12** 解答 **2**

（放送文）★：Are you writing an e-mail, Sara?

☆：No. I'm reading an e-mail from a friend.

Question: What is Sara doing?

（放送文の訳）★：「君は E メールを書いているのかい，サラ？」

☆：「いいえ。私は友だちからの E メールを読んでいるところよ」

（質問の訳）「サラは何をしていますか」

（選択肢の訳）**1** E メールを書いている。 **2** E メールを読んでいる。
3 本を書いている。 **4** 本を読んでいる。

（解説）〈be 動詞＋〜ing〉で「〜している（ところだ）」という意味です。女の子（＝サラ）は I'm reading an e-mail と言っているので，**2** が正解だとわかります。Are you writing 〜? という質問に女の子は No. と答えているの

No.13 問題 ①

放送文 ★: Hi, I'm Tim. Is Jenny at home?
☆: Sorry, she's at the park.

Question: Where is Jenny?

放送文の訳 ★:「こんにちは、ぼくはティムです。ジェニーは家にいますか」
☆:「ごめんなさい、彼女は公園にいるのよ」

質問の訳 「ジェニーはどこにいますか」

選択肢の訳 1 公園に。 2 家に。 3 ティムの家に。 4 学校に。

解説 Where「どこ（に）」で始まる質問です。放送文には at home「家に」，at the park「公園に」という2つの場所が出てきます。女性は she's at the park と言っているので，1が正解です。

No.14 問題 ①

放送文 ☆: I have a pet cat.
★: Great. I have a fish and a bird.

Question: What does the girl have?

放送文の訳 ☆:「私はペットのネコを飼っているの」
★:「すごいね。ぼくは魚と鳥を飼っているよ」

質問の訳 「女の子は何を飼っていますか」

選択肢の訳 1 ネコ。 2 イヌ。 3 魚。 4 鳥。

解説 質問では the girl「女の子」が飼っていることに注意しましょう。女の子は a pet cat を飼っていると言っているので，1が正解です。a fish と a bird は男の子が飼っているのです。

No.15 問題 ④

放送文 ☆: When do you eat dinner?
★: I usually eat dinner at 7:20.

Question: When does the boy usually eat dinner?

放送文の訳 ☆:「あなたはいつ夕食を食べるの？」

★：「ぼくはたいてい7時20分に夕食を食べるよ」

質問の訳　「男の子はたいてい何時に夕食を食べますか」

選択肢の訳　**1**　6時に。　　　　　　　**2**　6時20分に。
　　　　　　3　7時に。　　　　　　　**4**　7時20分に。

解説　時刻を聞き取る問題です。男の子は7:20（seven twenty）と言っているので**4**が正解です。時刻はこのように「時」と「分」の数字を続けて読みます。7:00のような場合はseventと読み，:00の部分は読みません。

| リスニング | 第**3**部 | 問題編 P99〜100 | 🔊 | ▶MP3 ▶アプリ ▶CD 2 74〜84 |

No.16 解答 ①

放送文　**1**　The mouse is in the shoe.
　　　　2　The mouse is by the shoe.
　　　　3　The mouse is under the shoe.

放送文の訳　**1**　ネズミは靴の中にいます。
　　　　　　2　ネズミは靴のそばにいます。
　　　　　　3　ネズミは靴の下にいます。

解説　場所を表す前置詞がポイントになります。ネズミは靴の中にいるので，in「〜の中に」を使っている**1**が正解です。

No.17 解答 ②

放送文　**1**　Mary goes to work at 6:14.
　　　　2　Mary goes to work at 6:40.
　　　　3　Mary goes to work at 6:44.

放送文の訳　**1**　メアリーは6時14分に仕事に行きます。
　　　　　　2　メアリーは6時40分に仕事に行きます。
　　　　　　3　メアリーは6時44分に仕事に行きます。

解説　6:40はsix fortyと読みます。fourteen「14」は後ろの部分に，forty「40」は前の部分にアクセントがあるので，注意して聞き分けます。絵の中で時刻が示されていたら，英

No.18 解答 ①

放送文
1 The bird is on Lisa's finger.
2 The bird is on Lisa's foot.
3 The bird is on Lisa's shoulder.

放送文の訳
1 鳥はリサの指の上にいます。
2 鳥はリサの足の上にいます。
3 鳥はリサの肩の上にいます。

解説 3つの英文は最後の語だけが違うので，文の最後を慎重に聞き取ります。鳥は女の子の指にとまっているので **1** が正解です。体の部分を表す語は head「頭」，arm「腕」，hand「手」なども覚えておきましょう。

No.19 解答 ③

放送文
1 The tennis racket is $102.
2 The tennis racket is $112.
3 The tennis racket is $120.

放送文の訳
1 そのテニスのラケットは 102 ドルです。
2 そのテニスのラケットは 112 ドルです。
3 そのテニスのラケットは 120 ドルです。

解説 $120 を何と読むかを考えます。3つの英文は one hundred and ～ dollars の～の部分だけが異なっていて，$120 の場合は～に 20 を表す twenty が入ります。two「2」，twelve「12」としっかり区別しましょう。

No.20 解答 ①

放送文
1 Melissa is painting a picture.
2 Melissa is taking a picture.
3 Melissa is writing a letter.

放送文の訳
1 メリッサは絵を描いています。
2 メリッサは写真を撮っています。
3 メリッサは手紙を書いています。

picture には「絵」と「写真」の意味があり，paint a picture は「絵を描く」，take a picture は「写真を撮る」です。女の子は絵を描いているので **1** が正解です。**2** を選ばないように注意しましょう。

No. 21 解答 ②

放送文
1 Becky is looking at her computer.
2 Becky is talking on the phone.
3 Becky is using the washing machine.

放送文の訳
1 ベッキーは自分のコンピューターを見ています。
2 ベッキーは電話で話しています。
3 ベッキーは洗濯機を使っています。

解 説
1 に含まれる computer「コンピューター」や **3** に含まれる washing machine「洗濯機」は絵の中にありません。phone「電話」が出てくる **2** が正解です。talk on the phone「電話で話す」というまとまりで覚えておきましょう。

No. 22 解答 ①

放送文
1 Fumio is making a cake.
2 Fumio is cutting a cake.
3 Fumio is eating a cake.

放送文の訳
1 フミオはケーキを作っています。
2 フミオはケーキを切っています。
3 フミオはケーキを食べています。

解 説
3つの英文の違いは making と cutting と eating の部分だけです。ここをしっかりと聞き取りましょう。それぞれ make「～を作る」，cut「～を切る」，eat「～を食べる」の～ing 形です。

No. 23 解答 ③

放送文
1 Lucy is going to bed.
2 Lucy is using a camera.

3 Lucy is brushing her hair.

放送文の訳

1 ルーシーは寝るところです。

2 ルーシーはカメラを使っているところです。

3 ルーシーは髪にブラシをかけているところです。

解説 **3**の brushing は動詞の brush「～にブラシをかける」の ～ing 形です。brushing の意味がわからなくても hair 「髪」を聞き取れれば，**3**が正解だと判断できます。**1**の go to bed は「寝る」の意味です。

No. 24 解答 ③

放送文
1 Mary has a new watch.

2 Mary has a new umbrella.

3 Mary has a new doll.

放送文の訳
1 メアリーは新しい腕時計を持っています。

2 メアリーは新しいかさを持っています。

3 メアリーは新しい人形を持っています。

解説 3つの英文の最後の語に注意しましょう。watch は「腕時計」，umbrella は「かさ」，doll は「人形」です。3つの英文の違う部分に集中して聞き取ることが大切です。

No. 25 解答 ②

放送文
1 Tom is a basketball player.

2 Tom is a scientist.

3 Tom is a pilot.

放送文の訳
1 トムはバスケットボールの選手です。

2 トムは科学者です。

3 トムはパイロットです。

解説 職業を表す語を聞き取る問題です。男性は試験管を持っているので，scientist「科学者」だと考えられます。ほかに nurse「看護師」，doctor「医者」，waiter「ウエーター」などもよく出題されます。

文部科学省後援

英検®**5**級 過去6回全問題集 別冊解答

2024 年度版